CELSO DANIEL

Silvio Navarro

CELSO DANIEL

Política, corrupção
e morte no coração do PT

1ª edição

EDITORA RECORD
RIO DE JANEIRO • SÃO PAULO
2016

CIP-BRASIL. CATALOGAÇÃO NA PUBLICAÇÃO
SINDICATO NACIONAL DOS EDITORES DE LIVROS, RJ

N242c

Navarro, Silvio
Celso Daniel: política, corrupção e morte no coração do PT / Silvio Navarro. – 1ª ed. – Rio de Janeiro: Record, 2016.
il.

Inclui índice
ISBN 978-85-01-10772-5

1. Brasil – Política e governo. 2. Jornalismo – reportagem. I. Título.

CDD: 320.981
CDU: 32(81)

16-34836

Copyright © Silvio Navarro, 2016

Fotos da capa:
Celso Daniel e Gilberto Carvalho: Banco de Dados/DGABC
Celso Daniel e José Dirceu: João Quaresma/DGABC
Sérgio Sombra: Irineu Masiero/DGABC
Celso Daniel e Lula: Orlando Filho/DGABC
Klinger Souza: Claudinei Plaza/DGABC
Ronan Maria Pinto: Guilherme Artigas/Fotoarena

Todos os direitos reservados. Proibida a reprodução, armazenamento ou transmissão de partes deste livro, através de quaisquer meios, sem prévia autorização por escrito.

Texto revisado segundo o novo Acordo Ortográfico da Língua Portuguesa.

Direitos exclusivos desta edição reservados pela
EDITORA RECORD LTDA.
Rua Argentina, 171 – Rio de Janeiro, RJ – 20921-380 – Tel.: (21) 2585-2000.

Impresso no Brasil

ISBN 978-85-01-10772-5

Seja um leitor preferencial Record.
Cadastre-se e receba informações sobre nossos lançamentos e nossas promoções.

Atendimento e venda direta ao leitor:
mdireto@record.com.br ou (21) 2585-2002.

Para Aretha, Beto, Meire e Silvio.

Aqueles que vencem, não importa como vençam,
nunca carregam vergonha.

Maquiavel

O tempo presente e o tempo passado
Estão contidos, talvez, no tempo futuro,
E o tempo futuro contido no tempo passado.

T. S. Eliot

Sumário

Agradecimentos	11
Apresentação	13

Parte 1

1. O sequestro de Celso Daniel	17
2. O jantar no Rubaiyat	21
3. Levaram o prefeito	27
4. O cadáver de Celso Daniel	35
5. Celso Daniel está morto	39
6. A quadrilha da favela Pantanal	45
7. As últimas horas	55
8. A fuga da favela	67
9. A caçada	73
10. O "torro" não se mata	85
11. Mortes misteriosas	101

Parte 2

1. Uma fuga espetacular	111
2. A captura	119
3. A morte de Dionísio	127
4. Zé Edison	137
5. Queima de arquivo	145

Parte 3

1. Celso Augusto Daniel	155
2. O político	161
3. Os três mosqueteiros	167
4. A sentença da propina	179
5. Antenas de telefonia	185
6. Conversas proibidas	191
7. O laboratório da corrupção	207
8. Carbono 14	213

Epílogo	221
Nota do autor	223
Fontes consultadas	229
Índice onomástico	231

Agradecimentos

Este livro-reportagem só parou em pé graças ao trabalho do pesquisador Felipe Frazão de Queiroz, que me auxiliou a examinar mais de 20 mil páginas de processos judiciais e a buscar todos os documentos possíveis, além de localizar personagens de um crime labiríntico tanto tempo depois. Agradeço também ao Felipe Machado, que me ajudou numa árdua caçada a revisar esse amontoado de dados.

Os parágrafos que relatam o que ocorreu antes e depois do assassinato do prefeito de Santo André, Celso Augusto Daniel, em janeiro de 2002, nunca seriam publicados sem a confiança do editor Carlos Andreazza e da equipe da Editora Record, a quem agradeço pela aposta.

Foi fundamental revisitar o trabalho de carpintaria sobre fatos tão intrincados feito, na época do assassinato, pelos repórteres Eduardo Scolese, Fábio Zanini, Fausto Macedo, João Gabriel de Lima, Julia Duailibi, Lilian Christofoletti e Rubens Valente. Suas reportagens são parte deste livro.

Tampouco seria possível tratar de um caso tão emaranhado se não fosse a receptividade de Mara Gabrilli e Rosângela Gabrilli, Roberto Wider Filho, Amaro José Tomé Filho, Lafaiete Ramos Pires, Roberto Podval, João Avamileno, Bruno José Daniel Filho e Eduardo Suplicy.

Agradeço pelas dicas de Augusto Nunes e Marco Antonio Villa e pela leitura dedicada aos originais de Ricardo Setti.

Caro Celso Augusto Daniel, como disse Gabriel García Márquez, escrevi as linhas adiante sobre o que aconteceu com você "na esperança de que nunca mais este livro nos aconteça".*

---

* GARCÍA MÁRQUEZ, Gabriel. *Notícias de um sequestro*. Rio de Janeiro: Record, 1996.

Apresentação

> *O combate à corrupção e a defesa da ética*
> *no trato da coisa pública serão objetivos centrais*
> *e permanentes do meu governo.*
>
> (Discurso de posse de Luiz Inácio Lula da Silva no
> Congresso Nacional, em 1º de janeiro de 2003)

Nenhum grupo político erguido sobre os pilares democráticos do Brasil foi tão hegemônico no poder, alavancado pelas urnas e sustentado pela confiança dos segmentos vetores da economia, quanto o Partido dos Trabalhadores no início do século XXI. Nenhuma outra agremiação política, germinada no sindicalismo do chão de fábrica do fim dos anos 1970 contra a ditadura militar, teve tanto tempo e tantas chances de mudar a arte e o engenho de se governar uma nação — sem comungar com a rapinagem secular que atrasa o país — quanto o Partido dos Trabalhadores.

Nenhum outro partido será lembrado, no rolar dos anos, como o escudeiro da ética que entrou para a história como o patrono da corrupção institucionalizada nas engrenagens da República quanto o Partido dos Trabalhadores.

Foi na cidade de Santo André, no berço do PT, no ABC paulista, onde linhas férreas prenunciavam um paradeiro seguro para a prosperidade de empresas e dos operários que arriscaram o futuro no estado mais rico da federação, que o Partido dos Trabalhadores traçou um plano de eternidade no poder. A engenharia política envolvia um assalto altruísta aos cofres públicos em consórcio com empresários que se abasteciam de recursos do erário, num triste enredo de corrupção como método de governança e paz de mercado.

Em 2001, quando o voo a Brasília esgueirou-se no horizonte numa curva nunca antes tão clara neste país, o Partido dos Trabalhadores já vislumbrava trilhos certeiros. Quem comandaria a locomotiva triunfante de Luiz Inácio Lula da Silva seria o quadro mais promissor, técnico e discreto do PT, o prefeito de Santo André, Celso Augusto Daniel, nome que se tornaria o maior fantasma da história do partido ao ser encontrado morto numa agitada manhã de janeiro de 2002, meses antes de desenhar as rotas do Brasil novo, tarefa a que fora incumbido.

No correr dos anos, o nome do petista dourou-se de mística num jogo de sombras que causa calafrios tanto à classe política como a investigadores, sejam eles policiais, promotores ou senadores, que chegaram a conclusões tão díspares.

Em 2002, o Partido dos Trabalhadores tinha uma rota irreversível para trilhar a qualquer custo e com vento a favor. O destino era certeiro. A estação final do PT de Luiz Inácio Lula da Silva era a Presidência da República. Lula e seu PT chegaram lá.

Celso Daniel morreu no meio do caminho.

Parte 1

1 | O sequestro de Celso Daniel

Vamos embora, Ángel — gritou para o motorista.
Suba na calçada, qualquer coisa, mas vamos embora!

(*Notícia de um sequestro*, Gabriel García Márquez)

Às 23h19m33s do dia 18 de janeiro de 2002, o soldado de plantão De Paula, da Polícia Militar de São Paulo, atendeu a uma chamada efetuada ao Centro de Operações da Polícia Militar, o Copom, mais conhecido pelos três dígitos de emergência em qualquer canto do Brasil quando o desespero sabota o caminho: 1-9-0.

Do outro lado da linha, uma voz feminina afoita avisava que algo suspeito ocorria no cruzamento de duas avenidas que levam o nome da Virgem Maria na capital paulista: Nossa Senhora das Mercês e Nossa Senhora da Saúde, uma encruzilhada na região apelidada de Três Tombos, na Zona Sul da cidade de São Paulo, bairro residencial a caminho da rodovia Anchieta, a estrada que leva ao litoral paulista.

— *Polícia Militar, soldado De Paula às suas ordens.*

— *Oi, tem um carro aqui na minha rua, que os ladrões deixaram, está na subida sozinho.*

— *Onde?*

— *Aqui na Nossa Senhora da Saú... É Antônio Bezerra, Vila Vera.*

— *Com a Abagiba?*

— *É, acho que teve até tiros.*

Nesse instante, a ligação é interrompida pelo barulho de disparos.

— *Ó, lá!*

— *Qual carro é?* — pergunta o policial.

— *É uma Blazer, um carro grande, uma Blazer preta.*

— *Muito obrigado, senhora.*

A ligação durou 43 segundos, conforme o horário registrado pelo gravador da polícia.

Na sequência, o telefone do Copom tocou novamente. Eram 23h24m43s. A voz do solicitante agora era masculina.

— *Polícia Militar às suas ordens.*

— *Olha, aqui na Nossa Senhora da Saúde...*

— *Esquina com a Antônio Bezerra?* — devolve o PM.

— *Isso. Está o maior tiroteio aqui.*

— *Solicitado por aqui, está bem, senhor?*

— *Tá.*

— *Obrigado, senhor.*

Nove minutos depois, o helicóptero Águia da Polícia Militar entra no circuito, antes de levantar voo, em busca de informações sobre um sequestro em curso.

— *Copom, em solo o Águia.*

O Copom responde:

— *Águia, sequestro do prefeito do município de Santo André. Uma Blazer levou o prefeito e tomou o sentido Anchieta-Imigrantes. Tem um Tempra branco e um Santana escuro na escolta.*

O relatório dos diálogos trocados pelo rádio das viaturas da Polícia Militar do 3º Batalhão, responsável pela patrulha do quadrante que envolve os bairros do Jabaquara e da Vila Gumercindo, mostra que, a partir das 23h24m25s, antes mesmo de o serviço 190 encerrar outra chamada, três carros deveriam ser perseguidos:

uma Chevrolet Blazer, um Volkswagen de cores escuras e um Fiat Tempra branco.

O operador da Polícia Militar alerta as viaturas em serviço:

— *Quem chegar ao local, cautela! Trata-se do sequestro do prefeito Celso Daniel.*[1]

---

[1] Boletim de ocorrência 00298/2002, registrado no 26º Distrito Policial de São Paulo.

2 | O jantar no Rubaiyat

São Paulo, 18 de janeiro de 2002.

A unidade do restaurante Rubaiyat, na alameda Santos, uma das paralelas mais movimentadas na região da avenida Paulista, artéria central da cidade de São Paulo, era um dos redutos preferidos do prefeito da vizinha Santo André, o engenheiro Celso Augusto Daniel, estrela em ascensão do Partido dos Trabalhadores.

Celso Daniel frequentava o restaurante pelo menos uma vez por mês, adorava o bufê de saladas e os antepastos, e não costumava variar muito seus pratos, sempre recheados de peixes e frutos do mar. Era a parada preferida quando terminava as aulas de Economia na Pontifícia Universidade Católica (PUC-SP) e na Fundação Getulio Vargas (FGV), onde era querido e admirado como uma das cabeças do pensamento de esquerda arejado para aqueles que sonhavam com uma guinada de redistribuição de renda no país. No entendimento das rodas de estudantes que deixavam as salas de aula da PUC e da FGV extasiados, a sensação sempre foi a de que o PT de Celso Daniel era o futuro vindouro no Brasil e, quiçá, na América Latina.

Naquela noite de sexta, acompanhado de Sérgio Gomes da Silva, um ex-segurança que subitamente se tornara próspero empresário do ramo de transporte público no Brasil, o prefeito, ainda que não gostasse de fumaça, sentou-se à bem localizada mesa número 51, numa ala reservada aos clientes fumantes.

A proximidade com a adega foi convidativa para Sérgio, que pediu uma garrafa do tinto italiano Brunello di Montalcino para acompanhar o bacalhau com arroz. Avesso a bebidas alcoólicas, Celso Daniel enfileirou quatro garrafas de vidro pequenas de Coca--Cola e degustou o bufê de camarões e lagostas. Dois filés de peixe grelhados chegaram em sequência. Como a dupla era cliente habitual da casa, o pedido foi supervisionado com esmero pelo *maître* Ivan Soares da Silva, pernambucano de Limoeiro, que trabalhava no local havia sete anos.

No final, Celso Daniel fez questão de saborear um sorvete, vício diário que conservava desde a infância, poucos minutos antes de chegar a conta para a dupla quitar. A nota de pagamento foi entregue pelas mãos do garçom que serviu a mesa, Antônio Palácio de Oliveira, cearense de Saboeiro e então funcionário do Rubaiyat havia nove anos.

Nas diversas vezes em que foi interrogado sobre aquelas horas no restaurante, Sérgio sempre repetiu que o jantar fora marcado dias antes por meio de um telefonema, ainda que na detalhada agenda de Celso Daniel constasse apenas uma consulta ao dentista para aquele fim de dia.

Filiado ao PT por quase duas décadas, Sérgio Gomes da Silva conhecia Celso Daniel havia catorze anos. Quem os apresentou foi Marilena Nakano, mulher do irmão caçula do prefeito, Bruno José Daniel Filho.

Formado em Pedagogia, com pós-graduação em Filosofia da Educação, Sérgio era então professor dos funcionários da Pirelli, e Celso Daniel, um hábil ala canhoto do time veterano de basquete que levava o nome da empresa. Em 1988, quando enveredou na campanha que o levaria à Prefeitura de Santo André, empurrado por 173.962 votos, o petista tinha o amigo como segurança a tiracolo a cada esquina.

Praticante de artes marciais, faixa preta de taekwondo, mestre em capoeira desde a juventude e dono de uma moderna pistola semiautomática Taurus com cabo emborrachado, Sérgio era um misto de assessor e segurança pessoal de Celso Daniel até que o cargo improvisado extrapolasse para uma íntima amizade. Passou a ser o Sérgio Chefe, uma referência ao apelido que ele mesmo usava para brincar com o prefeito. Celso Daniel nunca achou ruim.

A pré-campanha eleitoral de 1996 estreitou a relação entre eles. Sérgio desempenhara com sucesso outra tarefa, a de arrecadador informal de recursos.[2] Depois de eleito, Celso Daniel o levou para a prefeitura, onde ganharia cargos cobiçados, como a chefia da Guarda Municipal e da Defensoria Pública, e ficaria famoso por um segundo apelido, Sombra, cuja paternidade atribuía a um grupo incomodado pela sua proximidade com o prefeito.

Mais do que guarda-costas e homem de confiança, Celso Daniel enxergava em Sombra traços de ambição, característica que rapidamente o aproximaria dos achacadores dos contratos públicos de Santo André. No caminho entre a política e os negócios, Sérgio ajudou a operar o caixa dois do Partido dos Trabalhadores.

Foi justamente esse o assunto do jantar naquela noite. Celso Daniel fora escalado para comandar a mais promissora das quatro campanhas de Luiz Inácio Lula da Silva à Presidência da República até então. O sucesso da empreitada certamente terminaria em uma

---

[2] Sérgio Gomes da Silva admitiu ter atuado na tesouraria da campanha de 1996 em depoimento à CPI da Câmara Municipal de Santo André, que investigou cobrança de propina, no dia 16 de julho de 2002.

escalada a Brasília e em voos ainda maiores. Mas a cúpula petista temia que a gestão de Santo André, a mais poderosa vitrine eleitoral do PT, fosse alvo de investigações rigorosas que descobrissem o enorme esquema de propina montado na administração municipal para irrigar ilegalmente campanhas.

Os cofres do município eram um dos principais propinodutos do projeto de poder do Partido dos Trabalhadores, assim como os das cidades de Campinas e Ribeirão Preto, ambas no estado de São Paulo.

Celso Daniel havia recebido o aviso do auxiliar direto Gilberto Carvalho, instalado na prefeitura a mando do líder máximo do PT, Luiz Inácio Lula da Silva, para que afastasse Sérgio e seu grupo das finanças de Santo André. A cúpula do PT avaliava que era hora de um ajuste no caixa paralelo, desconfiava que o pessoal de Sombra estivesse operando um "caixa três" e sabia que era necessário limpar as gavetas e tirar de cena alguns dos personagens do esquema de desvios com vistas às eleições de 2002. Ninguém queria problema. E Sérgio Sombra era um problema. Guerreava com a estrutura partidária pela propina — todo mundo roubava todo mundo, mas o PT queria o dinheiro.

O recado do ex-seminarista Gilberto Carvalho, nomeado secretário de Comunicação e em seguida de Governo da máquina de Santo André, era claro: as cortinas estavam escancaradas demais e o grupo que operava o caixa paralelo não era mais confiável. Os operadores e empresários estavam ricos e o partido precisaria de dinheiro em 2002. Era preciso afastá-los. Com um calhamaço à mão, Gilberto Carvalho esquadrinhou a partilha da propina e a entregou ao prefeito num envelope. Celso Daniel já sabia também que o Ministério Público estava no seu encalço.

Quando combinou o jantar com Sérgio Sombra, o petista estava mais do que ciente de que o amigo entrara de cabeça na perigosa trama formada por empresários dedicados à fraude de contratos públicos no ABC paulista.

Um detalhe o incomodava pessoalmente mais do que ao Partido dos Trabalhadores: com empresas em diversas partes do país e um apelido que daria muito trabalho para explicar nas eleições de 2002, Sérgio enriquecera de forma rápida e irresponsável. Eram essas as informações que constavam no dossiê entregue a ele e em cujo rabisco no verso se podia ler o nome do autor anotado a caneta: Gilberto.

Três horas depois de se acomodarem na mesa número 51 do restaurante, ambos fartos dos frutos do mar, porém desconfortáveis com certas conversas — sobre o rumo que o dinheiro desviado havia tomado, a campanha de um supersecretário municipal a deputado, Klinger de Oliveira Souza, e mais ainda com a ordem para redirecionar a partilha da propina toda para a eleição dos candidatos do PT —, Sérgio Sombra entregou o tíquete para que um manobrista do Rubaiyat, chamado José Luís Costa da Silva, trouxesse seu moderno jipe blindado Mitsubishi Pajero.

A pontualidade do relógio, quase sempre em hora cheia, para começar e terminar as agendas chama atenção: Sérgio apanhara Celso Daniel às 19h na portaria de seu apartamento em Santo André. Seriam praticamente duas horas até que chegassem ao estacionamento do restaurante, equipado com um circuito de câmeras de segurança instalado pela empresa Intersec, com um gravador da marca Sanyo, modelo TLS-924, que registrava imagens em fitas VHS.

Um relatório que leva o timbre "Reservado", redigido pela Delegacia Seccional de Santo André, analisou as imagens no final de semana seguinte ao sequestro. O documento aponta que a câmera de número cinco flagrou os dois entrando no local às 21h06, cinco minutos depois de o carro ser entregue ao manobrista. Conforme o relatório, Celso Daniel usava uma calça de cor bege, camisa azul de mangas curtas e um paletó marrom.

O jantar transcorreria sem discussões ríspidas. Não se usaram telefones celulares nem houve incidentes que tenham alertado funcionários e clientes. Tudo foi filmado. Há apenas uma breve parada no bar, em que Sérgio pediu uma bebida de aperitivo, antes de se sentarem à mesa.

Horas depois, a cena registrada pela câmera de número três mostra os dois se levantando. São 22h57. Faltam três minutos para a hora cheia. O carro seria retirado do estacionamento no minuto seguinte, conforme a câmera de número dez. O Pajero estava em perfeito estado.

A câmera cinco indica que o prefeito e seu melhor amigo deixaram o salão do restaurante, à espera do jipe, no estacionamento do Rubaiyat, exatamente às 22h59. Faltava um minuto para a hora cheia.

É a última imagem de Celso Daniel vivo.

3 | Levaram o prefeito

A poucas quadras do local do sequestro, Silvio Cristiano Bernardo da Silva, funcionário de uma loja da rede McDonald's, localizada na rua Taquarichim, na região dos Três Tombos, relatou ter visto três carros em arrancada. Segundo ele, eram uma Blazer, um Santana e um Golf. Outra testemunha, que pediu sigilo aos investigadores, também disse ter visto um Golf acompanhando a ação, com pelo menos duas pessoas a bordo, mas daquele automóvel ninguém descera para atirar contra o Pajero. Estava na retaguarda.

Qual o verdadeiro modelo do terceiro veículo e, sobretudo, quem estava nele tornaram-se fragmentos perturbadores da história para os investigadores — e para sempre. Porque nunca se descobriu.

O cabo da Polícia Militar Geraldo Jesus Gamba e seu companheiro de patrulha naquela noite, o soldado Sérgio Ricardo de Oliveira, foram os primeiros a atender ao pedido de socorro nos Três Tombos. Encontraram um Mitsubishi Pajero preto de última linha desligado, com o pisca-alerta e o alarme acionados, e um homem, identificado como Sérgio Gomes da Silva, andando de um lado para o outro com um telefone celular em uma das mãos e uma pistola na outra. Na janela, a vizinhança relataria o mesmo.

— Levaram o prefeito de Santo André — disse Sérgio aos policiais. O cabo da PM retrucou:

— Onde estão os seguranças do prefeito?

O homem com a pistola, entregue à polícia naquele instante, que dizia ser um empresário, amigo e ex-segurança do prefeito, respondeu sem hesitar:

— Ele não anda com seguranças.

Se era fato que não havia escolta naquela noite, a informação de que Celso Daniel não usava seguranças era falsa. O prefeito tinha pelo menos quatro guarda-costas que se revezavam diariamente, inclusive pilotando o carro da Prefeitura de Santo André com o qual ele se deslocava durante o dia.

Apaixonado por basquete, Celso Daniel se reunia semanalmente com veteranos do antigo clube da Pirelli ou treinava sozinho no Ginásio Duque de Caxias, no ABC paulista, hoje rebatizado com seu nome. Era muito bem vigiado pelos quatro seguranças: Ivanildo Pereira Andrade, o Pancho; João Masson Neto, o Masson; Rocque Geraldo Antonio Leite, o Urso; e Maurício Ferrareto, o Alemão. Desse quarteto, apenas o último não andava armado. Todos seriam interrogados pela polícia.

Os guarda-costas também acompanhavam o pacato Celso Daniel quando ministrava aulas na PUC e na FGV, em São Paulo. Tanto que, pouco antes de Sérgio Gomes da Silva apanhá-lo em seu apartamento, em Santo André, para o percurso cujo destino derradeiro seria o restaurante Rubaiyat, o prefeito estava num automóvel guiado por Masson. Da equipe de seguranças, ele era o que mais admirava e conhecia o político. Masson fizera questão de ter Celso Daniel como padrinho de casamento.

A única parada de que se tem notícia depois de deixar o Paço Municipal, sede da prefeitura, naquele fim de tarde do dia 18 de janeiro, antes de chegar a seu apartamento, por volta das 18h30, foi na locadora Blockbuster, onde o petista alugou quatro filmes para o fim de semana. Celso Daniel costumava dispensar os seguranças--motoristas numa circunstância: quando estava com a namorada Ivone Santana, ocasião em que ele mesmo dirigia seu carro pessoal.

Masson foi ouvido pela polícia no dia 5 de fevereiro de 2002, dezoito dias depois do sequestro. Ele contou que Terezinha, a secretária do prefeito, assustada com o plantão da Rede Globo, foi quem lhe informou do ocorrido. O segurança afirmou ter ido até a casa da sogra para usar o telefone fixo e, em seguida, correu com a esposa, grávida de seis meses, até o Paço Municipal. De lá, por volta da 1h de sábado, rumou até o prédio do prefeito acompanhado de dois funcionários da prefeitura, cujos nomes não revelou. Tampouco contou ter subido até o apartamento. A missão de Masson era outra. Alguém da "chefia da prefeitura" entrara em contato com ele para que procurasse o porteiro do edifício a fim de orientá-lo a não dar qualquer declaração à imprensa. Nas palavras do próprio guarda-costas: "Era pra não falar besteira."

O segurança não foi o único a receber tarefas naquela tensa madrugada. Pancho e Urso ouviram ordens estranhas e desencontradas. O primeiro deveria ir até o apartamento do prefeito; o segundo, à residência de Ivone Santana, a namorada de Celso Daniel, em busca de uma chave do apartamento dele. Porém, na casa de Ivone, Urso ouviu a notícia de que o secretário de Serviços de Santo André, Klinger de Oliveira Souza, dono da caneta mais importante da máquina municipal — e não por acaso apelidado de supersecretário e sucessor natural do prefeito —, cancelara tudo. Era Klinger quem dava as ordens na ausência de Celso Daniel.

Klinger ordenou aos seguranças que não permanecessem no prédio de Celso Daniel porque um investigador da polícia de Santo

André já estava no comando. Mesmo assim, a dupla Pancho e Urso foi ao local e verificou que os dois Volkswagen Gol, um azul e o outro branco, de uso pessoal do petista, estavam na garagem. Subiram até o terceiro andar, onde Celso Daniel morava, e não notaram nada incomum.

Eram 2h20 de sábado e os seguranças foram embora.

O ruído de sirenes aumentou com a chegada do reforço policial na região dos Três Tombos. A vizinhança alvoroçou-se nas janelas e saiu para o portão. Sérgio Gomes da Silva continuou o diálogo com os PMs.

— Era eu quem eles deveriam ter levado. Sou empresário, eu que tenho dinheiro.

A primeira recomendação dos policiais foi para que o sobrevivente ao ataque telefonasse para o celular do prefeito, àquela altura já em poder dos sequestradores.

— Os caras não querem você, querem a mim. Ponha eles em contato comigo! — foi a gravação registrada na caixa postal do telefone.

Além de um jipe Pajero alvejado por tiros, com as portas destravadas e a janela dianteira esquerda semiaberta, e de um empresário estranhamente esquecido num ataque criminoso, o soldado da PM Sérgio Ricardo de Oliveira, que guardou naquele dia a cena do crime, só informou ter visto uma bala de pistola 9 mm intacta no chão.

É possível que o cartucho tenha falhado.

Das margens da rodovia Anchieta, o destino de Sérgio foi o 26º Distrito Policial, para registro de um boletim de ocorrência cheio de lacunas e terrivelmente remendado depois às autoridades que investigaram o caso. Era a primeira de uma série de versões que só abrasariam a confusão anos a fio.

Ouvido na madrugada de 19 de janeiro, em depoimento assinado pelo delegado Maurício D'Olivo,[3] Sérgio narrou que o Pajero blindado fora bruscamente fechado, próximo ao semáforo, por uma Blazer de cor preta, acompanhada de um Santana azul-marinho, na retaguarda. Segundos depois, seu carro seria abalroado.

Sérgio dirigia pela rua Nossa Senhora da Saúde. Ao acelerar numa subida, relatou que as rodas do jipe automático "perderam a tração" subitamente. Tentou, sem sucesso, engatar marchas. O carro tinha pelo menos um pneu furado por disparos e, por causa das diversas colisões, o sistema de travamento das portas entrara em colapso, num abrir e fechar sucessivo que ele até tentaria conter heroicamente, mas que acabou deixando o passageiro Celso Daniel à mercê dos algozes. O escrivão Iberê Guimarães registrou o boletim de ocorrência.

Conforme o relato do empresário, um bando de pelo menos oito homens armados até os dentes saltou dos dois carros e efetuou uma série de tiros contra o jipe blindado. Ninguém se ferira. O prefeito, porém, teria se desesperado, ainda que ele, Sérgio, tivesse lhe recomendado manter a calma. A porta do passageiro fora misteriosamente aberta e Celso Daniel, levado. Não sabia por quê.

Na primeira das narrativas que seriam alteradas aqui e ali no curso da história, o motorista do Pajero disse ter ficado sob a mira de uma arma e que teve o braço esquerdo imobilizado por um dos bandidos. Contou ainda que tentou agarrar Celso Daniel e, em seguida, soltou o freio manual do carro, o que fez com que o automóvel deslizasse cerca de 100 metros ladeira abaixo até acertar um Fiat Tempra branco estacionado na calçada.

O Fiat Tempra branco, de fato, estava lá havia semanas. Pertencia a um músico que, naquela noite, tocava no Centro de Tradições Nordestinas, na Zona Norte da cidade, e costumava deixá-lo "dormindo" na rua. O veículo era de mesma cor e modelo que o automóvel que

---

[3] Boletim de ocorrência 00298/2002, registrado no 26º Distrito Policial de São Paulo.

a Polícia Militar então procurava, porque um dos moradores que telefonara ao Copom havia mencionado um Tempra branco como um dos carros usados pelos sequestradores, o que causaria enorme confusão.

No rápido intervalo no qual Sérgio Gomes da Silva disse ter soltado o freio do carro ladeira abaixo, Celso Daniel, segundo ele, foi raptado por um dos bandidos e jogado no banco traseiro da Chevrolet Blazer sob gritos.

Interrogados pelos policiais, moradores da rua repetiram que, desde suas casas, fora possível avistar o empresário falando ao celular e empunhando a pistola que, de acordo com Sérgio, estava numa bolsa escondida sob o banco traseiro — arma que, no entanto, não sacou durante a ação dos criminosos. Tempos depois, outra bolsa misteriosa, de cor bordô, acomodada na parte traseira do jipe, chacoalharia as investigações.

Numa das falas arquivadas naquela noite pelo rádio da Polícia Militar, no calor da ação policial, o plantonista do Copom fez uma pergunta intrigante às equipes de patrulha:

— O do Pajero aí não tem nada a ver, não?

Os PMs que atenderam a ocorrência responderiam negativamente, até porque Sérgio afirmara ter sido ele a acionar o serviço 190 de emergência pelo seu aparelho celular. A chamada teria sido feita às 23h21 daquela sexta-feira.

Mais de um ano depois, quando a transcrição dessa ligação foi solicitada pelo Ministério Público do Estado de São Paulo, um relatório que leva o carimbo "Reservado", enviado pelo comandante do Copom à Corregedoria da Polícia Militar, informaria que a chamada — efetuada às 23h21 — não constava do sistema. Mas há, de fato, um telefonema do celular de Sérgio ao serviço 190, rastreado precisamente às 23h24m40s.

O conteúdo da conversa, todavia, jamais seria checado porque as fitas são reutilizadas a cada trinta dias e já haviam se passado dezesseis meses. Ninguém a ouvira.

Do 26º Distrito Policial, na cidade de São Paulo, onde foi lavrado o primeiro boletim de ocorrência, Sérgio Gomes da Silva seguiu para um apartamento em nome de Ozias Vaz, empresário de ônibus e um de seus melhores amigos, que abrigaria o jipe Pajero, naquela madrugada, na garagem da Viação Padroeira, depois de o carro ser removido pela seguradora. Tanto o guincheiro quanto o inspetor do sinistro disseram que Ozias retirara do carro apenas dois óculos de sol, alguns pratos de porcelana e papéis. Nenhum dos dois informou qualquer pane no veículo.

Na casa de Ozias, Sérgio Sombra reuniu-se com o supersecretário municipal Klinger de Oliveira Souza e com Sebastião Ramos Pereira, o Tião, policial civil de Santo André e a quem primeiro acionou quando do sequestro, já que atuava como uma espécie de guarda-costas do empresário e de seu grupo. Tião também foi o primeiro a receber um telefonema de Sombra quando se dirigia à delegacia.

Muita gente esteve no apartamento naquela madrugada caótica, mas Sérgio, já com a corda no pescoço, não se lembraria de nomes diante do juiz de Itapecerica da Serra.

— Algumas pessoas passavam por lá; uns ficavam mais, outros, menos.

Do apartamento de Ozias, o empresário seguiu para o Hospital São Pedro, em Santo André, de onde seria liberado na manhã de 21 de janeiro, recuperado do quadro de hipertensão e taquicardia.

No mesmo dia, o prefeito Celso Daniel foi enterrado. Sombra não foi ao cemitério se despedir do amigo.

4 | O cadáver de Celso Daniel

Juquitiba, 20 de janeiro de 2002.

Eram 7h15 de um domingo úmido de verão quando o caseiro José Carlos de Sousa deixou sua residência, na área de chácaras de Itapecerica da Serra, para seguir seu roteiro habitual rumo ao centro da pequena Juquitiba, município com menos de 30 mil habitantes, cercado pela maior extensão de Mata Atlântica da região metropolitana de São Paulo.

Aos 41 anos, o capixaba de Linhares trabalhava e morava havia dois anos no sítio do doutor Borguetti, no bairro conhecido como Dos Carmos. Naquela manhã, seu destino era o depósito de material de construções de seu Antônio. Menos de quinze minutos depois de caminhar cerca de 800 metros em passadas distraídas, o caseiro deparou-se com o corpo de um homem grisalho de meia-idade estirado de lado na inóspita estrada da Cachoeira.

Assustado, José Carlos sacou o aparelho celular do sítio e acionou o serviço 190 da Polícia Militar. Embora escutasse histórias de desova de corpos no matagal vizinho, jamais imaginara flagrar um cadáver bem-vestido deitado quase de bruços no meio da pista de pedregulhos. O corpo estava a 150 metros do km 328 da rodovia Régis

Bittencourt, no sentido da capital para o interior de São Paulo. Apó a ligação, o caseiro saiu rápido do local, seguindo rumo ao centro Só retornou horas depois, a bordo de um táxi, num outro percurso já que o trecho que percorrera mais cedo estava isolado pela polícia

Quando o telefone da Delegacia de Polícia de Juquitiba tocou, relatando uma chamada registrada como anônima pelo Copom, uma viatura com os soldados Tibagi e Toledo foi enviada ao local para averiguação. Minutos depois, a informação foi confirmada pelo rádio da Polícia Militar ao delegado do plantão, Alexandre Pascoal Constantinou. Um homem vestindo calça jeans da marca Levi's, camisa azul de mangas longas, sapato e cinto de couro estava atravessado na estrada vicinal e sem iluminação, cravejado por oito tiros.

Um detalhe chamaria a atenção do delegado logo ao olhar para a cena do crime: havia pouco sangue para tantos disparos efetuados,[4] num indício de que a vítima poderia não teria sido morta ali.

Da delegacia, o escrivão seguiu o protocolo e telefonou para a empresa Serviço Funerário da Serra Ltda., na vizinha Itapecerica da Serra, para que recolhesse o corpo. Em menos de uma hora, Iran Moraes Rédua, de 23 anos, chegou à estrada da Cachoeira no rabecão que pilotava.

Foi ele quem sugeriu aos policiais o tamanho da encrenca que se desenhava: o homem jogado no chão era muito parecido com o político que estampava a reportagem da edição do jornal popular *Agora São Paulo*. O diário trazia as primeiras informações sobre o sequestro do prefeito da cidade de Santo André, Celso Augusto Daniel.

A frase do funcionário da funerária, segundo quem o morto poderia ser o prefeito de Santo André, alvoroçou os oficiais. Não só

---

[4] MAZIERO, Andrea Catão; MAURO, Mário César de. "Moradores de Juquitiba ouviram disparos". Agência Estado, 20 jan. 2002. Disponível em: <http://brasil.estadao.com.br/noticias/geral,moradores-de-juquitiba-ouviram-os-disparos,20020120p14832>. Acesso em: 17 ago. 2016. | MAZIERO, Andrea Catão; MAURO, Mário César de. "Caso Celso Daniel: caseiro não viu documentos". *Diário do Grande ABC*, 24 jan. 2002.

O CADÁVER DE CELSO DANIEL

o titular de Juquitiba, Josimar Ferreira de Oliveira, como o chefe da Seccional de Taboão da Serra, Romeu Tuma Junior, responsável pela região, além de diversas autoridades do estado, foram acionados e compareceram ao local às pressas. Àquela altura, tão logo os delegados olharam para o cadáver, ninguém teve dúvidas.

Dois políticos foram chamados para reconhecer o corpo: o prefeito da cidade de Embu, Geraldo Cruz, o Geraldinho, e o deputado federal João Paulo Cunha, ambos filiados ao Partido dos Trabalhadores. Os dois confirmaram o palpite "agourento" do gerente da funerária: Celso Daniel estava morto.

Questionado sobre se escutara algo incomum na madrugada de sábado, 19 de janeiro, para domingo, dia 20 — quando, segundo a polícia, Celso Daniel foi executado —, o caseiro José Carlos de Sousa declarou que nada ouvira. Dormira pesado. Os depoimentos de outros moradores das cercanias, a maioria funcionários das poucas chácaras alugadas por temporada, pouco ajudaram. Houve quem afirmasse ter ouvido algum barulho, mas daqueles rojões de múltiplos estalos comuns em jogos de futebol e festejos juninos.

Fernando Stockler de Lima, dono do camping Fany Darlling, vizinho do local do crime, disse o contrário. Tinha certeza de que ouvira tiros. O camping ficava a 350 metros do pedaço de estrada onde o corpo foi encontrado. Entre 1h15 e 1h30, enquanto assistia ao filme *Eu, eu mesmo e Irene*, já com os familiares sonolentos, ele afirmou ter escutado uma sequência de estampidos efetuados em três séries. Não teria parado por aí. Houve mais disparos, como se alguém tivesse trocado o carregador de munição para continuar descarregando o pente.

Fernando, então, apanhou uma lanterna e tentou verificar, pelos cantos de seu terreno, o que ocorria, mas não flagrou qualquer movimento anormal. Estava muito escuro. Tampouco telefonou para a polícia na madrugada. Teve receio.

No dia seguinte, quando saiu para fazer compras no centro da cidade, por volta das 11h30, encontrou uma equipe da TV Record percorrendo as encruzilhadas de terra batida da região e soube do cadáver localizado na sua vizinhança.

Além dos cartuchos de pistola 9 mm da marca CBC (Companhia Brasileira de Cartuchos), ao redor do cadáver só havia uma lata metálica de Guaraná Kuat, que a perícia descartaria posteriormente por não reconhecer digitais.

Naquela trágica manhã, o delegado Romeu Tuma Junior foi profético ao afirmar, após se deparar com Celso Daniel estirado na estreita estrada de terra:

— Era o Celso duro no chão. Mataram o cara e aquilo ia dar merda federal.[5] Deu mesmo.

---

[5] TUMA JUNIOR, Romeu. *Assassinato de reputações: um crime de Estado*. Rio de Janeiro: Topbooks, 2013.

5 | Celso Daniel está morto

Santo André, 20 de janeiro de 2002.

Na confusa manhã de domingo, o país acordou atordoado com a notícia de que o sequestro de uma das figuras mais pródigas do Partido dos Trabalhadores terminara em tragédia. O PT reagiu rápido e seus líderes imediatamente lançaram mão do discurso de que se tratava de um crime político, contra o partido, por causa do calendário eleitoral que se aproximava. No final da tarde, durante um ato religioso no Paço Municipal de Santo André, após um final de semana dramático, o então presidente do PT, o deputado federal paulista José Dirceu, afirmou:

— Depois de terem assassinado dois prefeitos do PT, se eu não encarar isso como uma questão política, sou um irresponsável.[6]

Celso Daniel era o segundo prefeito da sigla morto num curto período de tempo. Antônio da Costa Santos, o Toninho do PT, fora assassinado em Campinas, quatro meses antes, em outra morte

---

[6] "PT decide considerar crime político". *Folha de S.Paulo*, 21 jan. 2002.

que até hoje provoca controvérsia entre investigadores de diferentes quilates e a família da vítima.

Toninho foi alvejado na avenida Mackenzie, em Campinas, por volta das 22h20 do dia 10 de setembro de 2001, quando dirigia seu carro de volta para casa, vindo de um shopping center da cidade. Segundo a Polícia Civil, foi morto porque fechou sem intenção um Chevrolet Vectra prata que transportava quatro criminosos de alta periculosidade; entre eles, Wanderson Nilton de Paula Lima, o Andinho, um dos líderes de uma das maiores facções criminosas do país, o Primeiro Comando da Capital, o PCC. O bando disparou três vezes e um dos projéteis atingiu o pescoço do petista, fustigando sua aorta. (Dos quatro criminosos que estavam no carro, só Andinho ainda está vivo.)

A família de Toninho nunca aceitou a tese de que o prefeito, arquiteto e professor universitário, fora vítima de um crime urbano. O assassinato só não ganhou repercussão maior no Brasil porque, na manhã seguinte, quando as redações dos veículos de imprensa se preparavam para a cobertura do caso, terroristas da Al Qaeda derrubaram dois aviões contra as torres gêmeas do World Trade Center, nos Estados Unidos, naquele 11 de setembro que mudaria o mundo.

Faltou espaço para Toninho nas páginas dos grandes jornais.

Durante o ato religioso pela morte de Celso Daniel, um episódio chamou a atenção dos jornalistas que acompanhavam o evento: o prefeito de Ribeirão Preto, o petista Antonio Palocci Filho, outra estrela cintilante do lulopetismo em ascensão, usava um colete à prova de balas.

O secretário de Relações Internacionais do PT, Aloizio Mercadante, alardeava em entrevistas que os dirigentes da legenda haviam decidido pelo reforço na segurança do futuro candidato à Presidência da República, Luiz Inácio Lula da Silva, e dos deputados federais José Dirceu e José Genoino, além da dele próprio.

A menos de nove meses das eleições, o discurso petista tinha forte componente eleitoreiro. Pela primeira vez, o partido tinha chances reais de alcançar a Presidência, num clima positivo com potencial de se alastrar para as disputas nos estados e por cadeiras no Congresso Nacional.

No estado de São Paulo, a segurança pública era justamente o calcanhar de aquiles do PSDB na época, às voltas com índices de criminalidade alarmantes. Na virada do século, o território paulista vivia uma onda crescente de sequestros. Foram 321 casos em 2002, contra 277 em 2001 e 63 em 2000.[7] Quem morava em São Paulo andava perturbado com o temor de acordar num cativeiro, e os meios de comunicação lembravam isso todos os dias.

A capa do jornal *Folha de S.Paulo* da segunda-feira, dia 21, foi praticamente toda dedicada ao crime: "Morte de prefeito sequestrado piora crise na segurança de São Paulo" era a manchete.

O governador Geraldo Alckmin (PSDB), que tentaria a reeleição naquele ano, anunciou um pacote de medidas para a área da segurança, com reforço de 6 mil homens da Polícia Militar nas ruas e pagamento de recompensa de R$ 50 mil para quem fornecesse informações que levassem à prisão dos assassinos do prefeito, a exemplo do que o governo do Rio de Janeiro fizera com o traficante Fernandinho Beira-Mar.

O PSDB estava muito preocupado com o impacto daquele crime nas urnas. Tanto que o próprio governador paulista, ao lado de seu secretário de Segurança Pública, Marcos Vinício Petrelluzzi, que deixaria o cargo em 22 de janeiro, não descartou a tese petista de que a morte poderia ter razão política:

— Não podemos ignorar que é o segundo prefeito importante do partido assassinado — disse Alckmin.

*

---

[7] Informações da Secretaria de Segurança Pública do Estado de São Paulo.

Horas antes da confirmação da morte, às 6h10 de domingo, dia 20 de janeiro, o Palácio dos Bandeirantes, sede do governo paulista, recebera telefonema de um preso que dizia estar envolvido no crime. Ele solicitava a transferência de detentos encarcerados em penitenciárias do estado em troca da liberação do prefeito de Santo André.

O então suposto sequestrador só chegara ao número telefônico do governo paulista depois de fazer três chamadas para o senador Eduardo Suplicy, do PT. Mas, quando o contato com as autoridades paulistas finalmente se concretizou, a farsa foi descoberta rapidamente.

Celso Daniel já estava morto havia horas. Era só um blefe.

Celso Daniel foi embalsamado pela equipe responsável por traslado de corpos do Aeroporto Internacional de Guarulhos a pedido do legista Carlos Delmonte Printes. Ele acreditava que uma exumação ajudaria na busca futura por respostas se o crime não fosse desvendado.

O prefeito foi velado na Câmara Municipal de Santo André da noite de domingo até as 15h de segunda-feira, 21 de janeiro. Aproximadamente 18 mil pessoas compareceram ao local, conforme informou o cerimonial da prefeitura. A missa de corpo presente foi celebrada pelo bispo dom Décio Pereira, da diocese de Santo André, e por dom Cláudio Hummes, cardeal-arcebispo de São Paulo. Houve muita comoção.

Às 16h, o caixão foi coberto com as bandeiras do município de Santo André, do Corinthians, do estado de São Paulo e do Brasil, além da camiseta do time de basquete pelo qual jogava. Surgiria ainda, de última hora, uma bandeira do PT.

O caixão foi levado para o Cemitério da Saudade, em Vila Assunção, num carro do Corpo de Bombeiros. Seriam quase 4 quilômetros desde a Câmara Municipal. O comércio fechara as portas e uma multidão seguia o cortejo. Dos céus, um helicóptero despejava pétalas de rosas, que se misturavam a 12 mil balões brancos.

A Banda Lira, a mais antiga da cidade, recebeu o cortejo ao som do Hino Nacional. O sepultamento duraria vinte minutos, acompanhado apenas por familiares e amigos.

A laje que cobre o túmulo está decorada apenas com uma fotografia emoldurada de Celso Daniel sorrindo e com as datas de nascimento e morte.

Pouco antes de o caixão ser colocado no jazigo de número 39, que leva as inscrições "Família Bruno José Daniel", nome do pai do prefeito, o calor de 32°C do verão fez despencar uma forte chuva.

Até então, a polícia paulista tinha pouquíssimas pistas sobre os culpados do assassinato. Investigavam o caso a Seccional de Taboão da Serra, onde o cadáver fora localizado, e a Divisão Antissequestro. Numa reunião no meio da tarde, ficou decidido que o inquérito seria conduzido pelo Departamento de Homicídios e Proteção à Pessoa (DHPP), pelas mãos do experiente delegado Armando de Oliveira Costa Filho.

Por caminhos diferentes, os investigadores chegariam à favela Pantanal.

6 | A quadrilha da favela Pantanal

A favela Pantanal subiu em 1991, numa área de manancial na divisa da Zona Sul de São Paulo com o município de Diadema, um dos mais carentes da região do ABC paulista.[8] Está ladeada por dois córregos, o Guaicuri e o Apucás, nos quais é lançado diariamente esgoto sem controle. São quase 1,8 mil domicílios cadastrados, com mais de 20 mil moradores. A densa ocupação ocorreu majoritariamente por migrantes do Nordeste do país na década de 1990, atraídos pela oferta de emprego nas empresas do ABC: fábricas de pneus e de artefatos de borracha e, especialmente, as maiores montadoras de automóveis do mundo, como Volkswagen, General Motors, Ford e Mercedes-Benz.

Até hoje, as escolas e creches estão localizadas nas margens vizinhas do Jardim Santa Terezinha, do Parque Doroteia e da Vila Guaicuri, sob a guarda do Distrito de Pedreira, na jurisdição da Subprefeitura de Cidade Ademar. A taxa de analfabetismo é de 4,6%

---

[8] Sistema de Informações para Habitação Social na Cidade de São Paulo (Habisp), Prefeitura de São Paulo. Acesso em: 29 mai. 2015.

da população, mas já foi de 7%, na década de 2000, e ainda pode ser considerada uma das mais altas do estado de São Paulo.[9]

Somente em 2014, mais de duas décadas desde que começou a se espalhar em volta da Represa Billings, a favela Pantanal ganhou uma Unidade Básica de Saúde (UBS) para desafogar a região.

Era numa estreita ruela da favela que funcionava o Bar do Mineiro, onde os "meninos da Pantanal" ou o "timinho de Diadema" — quase todos na faixa entre 18 e 20 e poucos anos, cercados de menores que tinham o grupo de criminosos como espelho para a vida — reuniam-se depois do futebol para beber cerveja e cachaça, e jogar cartas e dominó.

O Bar do Mineiro, na verdade, nunca foi um boteco. Era um estabelecimento de fachada, cujos fundos eram usados como garagem clandestina para carros roubados. Nesse bar, os "meninos da Pantanal" formaram uma quadrilha que só fazia crescer no início da década de 2000.

O líder mais conhecido do bando era Ivan Rodrigues da Silva, o Monstro ou Tiozinho, este último apelido em alusão aos 27 anos na época, um dos mais velhos dos frequentadores do Mineiro. Pernambucano do semiárido de Passira, uma pequena cidade com menos de 30 mil habitantes, Ivan Monstro ostentava, em 2002, uma ficha criminal com mais itens do que os anos de sua idade, com várias mortes nas costas.

A alcunha Monstro tinha explicação: o queixo dele ficou torto pelo estrago de uma bala que lhe varara o maxilar pelo lado esquerdo durante uma pancadaria de ladrões.[10]

---

[9] SÃO PAULO. Prefeitura de São Paulo. "População total e analfabeta de 15 anos e mais e taxa de analfabetismo: município de São Paulo, subprefeituras e distritos municipais: 2000 e 2010". Disponível em: < http://infocidade.prefeitura.sp.gov.br/htmls/8_populacao_total_e_analfabeta_de_15_anos__2000_10517.html>.

[10] ANGRIMANI, Danilo. "Celso foi vítima de sequestradores amadores, diz delegado". *Diário do Grande ABC*, 19 jan. 2003.

A QUADRILHA DA FAVELA PANTANAL   47

Sequestrador procurado pela Polícia Civil, Monstro vivia nas redondezas da Pantanal, nas vielas batizadas de Jardim Luso, e escapulia constantemente para a cidade de Maringá, no Paraná. Era um bom exemplo de como uma família pode tomar caminhos opostos: a irmã, Evandra Rodrigues da Silva, entrou para a Polícia Militar e integrava o 22º Batalhão Metropolitano quando do sequestro de Celso Daniel.

— Ele escolheu ser bandido, eu escolhi a polícia — lamentou a soldado da PM.

A mãe dele, a pernambucana Rita Pires da Silva Rodrigues, também lamentou e teve de arcar com o constrangimento de explicar um telefonema feito de sua casa, num bairro humilde de São Bernardo do Campo, para bandidos. De todos os filhos, Ivan fora o único a perder o rumo.

A policial Evandra procurou a Corregedoria da PM espontaneamente quando soube do envolvimento do irmão numa série de crimes. Em seu depoimento, no dia 10 de janeiro de 2003, deu algumas informações no mínimo intrigantes aos promotores e aos policiais. A soldado disse que sua família sempre trabalhou nas empresas de ônibus do grupo Transleste. Seu pai ganhava o pão como cobrador, assim como o tio Antônio e o primo Miguel, além de um cunhado que trabalhara como manobrista na garagem da companhia.

O dono da Transleste era um empresário que se tornaria personagem crucial do caso. Ronan Maria Pinto era responsável por quarenta dos 123 contratos de transporte público de Santo André, dono de dezessete empresas do setor em 2002.[11] Um de seus sócios era Ozias Vaz, o amigo íntimo para a casa de quem Sérgio Sombra fora logo que deixou a delegacia, na noite do sequestro de Celso Daniel.

---

[11] AZEVEDO, Solange; FURTADO, Bernardino. "Ligações incômodas". *Revista Época*, 13 abr. 2010.

Ozias frequentava regularmente um salão de beleza na favela Pantanal, cuja cabeleireira era irmã de Perninha, encarregado da pintura de seus ônibus. Na funilaria de Perninha, um dos funcionários mirins era o menor C.W., acusado mais tarde de roubar a Blazer usada no rapto do prefeito de Santo André.

MONSTRO

Ivan era casado havia dez anos com Elaine de Paz, para quem ele não era nem Monstro nem Tiozinho. Diarista no nobre bairro de Moema, na Zona Sul paulistana, Elaine preferia chamar o pai de suas duas filhas de "meu nego". Moravam na periferia do ABC, mas com frequência o casal voltava ao Paraná, onde o criminoso a enganava com promessas de passar o resto dos dias sossegado. A última vez que Monstro dera expediente sem uma arma na mão remonta a 1993, como empregado de uma rede de supermercados.

No final de 2001, ele resolveu reunir um grupo seleto e confiável dentro da quadrilha, que inflava com o recrutamento de menores. Tinha um sequestro em gestação, uma "fita" ou "pedra", conforme os termos usados pelo bando, em parceria com alguém de fora da favela, o também pernambucano, da cidade de Bonito, José Edison da Silva, de 26 anos, uma peça-chave na história que marcaria Santo André e a política brasileira.

JOSÉ EDISON

José Edison era morador das redondezas de Embu-Guaçu, um bocado longe do ABC paulista. Filho do meio de uma família de três irmãos, trocou Pernambuco por Taboão da Serra, na região metropolitana de São Paulo, e estudou até a antiga terceira série do primário.

Sua família chegou a São Paulo em 1989 e instalou-se no Jardim Jaqueline, próximo à rodovia Raposo Tavares. Como largou a escola cedo, Zé Edison perambulou e acabou arrumando emprego como limpador de vidros de edifícios na região central da capital paulista. Também passou um tempo ganhando por dia numa banca da Ceagesp, a Companhia de Entrepostos e Armazéns Gerais de São Paulo, a maior da América Latina e uma das maiores do mundo — só superada pelas centrais de Paris e Nova York. Mas nunca gostou da labuta, tampouco tinha vergonha de dizer isso.

A temporada curta na Ceagesp só serviria mesmo, adiante, em 2002, para armar a desculpa que confundiria a apuração do maior crime de sua vida, o sequestro e o assassinato de Celso Daniel. Ele largou o "bico" em pouco tempo e enveredou-se noutro, numa oficina mecânica de um amigo, sempre estimulado por algum novo amor que insistia para que assumisse um ofício de verdade. A vida era dura: tinha um filho do casamento anterior para sustentar, nenhum emprego fixo e morava num cômodo alugado próximo ao conhecido Rancho da Pamonha, na rodovia Régis Bittencourt, a BR-116.

Meses antes do crime, Zé Edison estava apaixonado pela adolescente D., menor de idade, que, grávida, abandonou-o para voltar à terra natal, a cidade de Vitória da Conquista, na Bahia. Ele, porém, decidiu não ir atrás, não naquele momento, porque estava lucrando alto com sequestros e tinha uma "fita grande", como dizia aos amigos, a maior que faria e que o comparsa Ivan Monstro topara tramar.

Depois, com dinheiro no bolso, pretendia buscar a namorada e o filho na Bahia.

BOZINHO

Em 1999, logo após a morte da mãe, Rodolfo Rodrigues Santos de Oliveira, conhecido como Bozinho, desembarcou em São Paulo para trabalhar com o irmão mais velho, Andrelison dos Santos de Oliveira, o André Cara Seca, como apontador na empresa FCT Engenharia e Construção. Ele não concluíra o ensino fundamental e fazia bicos na cidade de Itabuna, na Bahia, numa barraca de feira livre.

Na capital paulista, foi chamado pelo pai para ajudar como cobrador de lotação, do tipo Kombi, aquelas antigas peruas Volkswagen que chegavam antes dos ônibus nos pontos ou ofereciam alternativas às superlotadas linhas de transporte público da engarrafada cidade de São Paulo. Já naquela época, o ramo das lotações era dominado pela bandidagem e por facções criminosas que inchavam e desafiavam a polícia paulistana.

Quatro meses antes do sequestro do prefeito de Santo André, Bozinho iniciou um namoro com Elaine Batista de Oliveira Santos, de 22 anos, atendente numa lanchonete cujo balcão ele frequentava sempre exasperado. Bozinho era um jovem calado, corpulento, com olhar fixo e nervoso, e uma testa larga, o que chamou atenção da moça. Quem atuou como cupido do casal foi a amiga Viviane.

Nos finais de semana, Elaine deixava o filho de 6 anos, de um relacionamento anterior, com os pais, na casa do bairro do Grajaú, na antepenúltima franja no mapa da zona sul de São Paulo, e dizia que dormiria com as amigas no ABC. Na verdade, passava as noites num cômodo alugado por Bozinho na favela Pantanal.

O relacionamento entre os dois ia bem, mas não demorou até que ela descobrisse traços perigosos no comportamento do namorado. No pequeno quarto na favela, subitamente chegaram uma geladeira luxuosa e móveis novos. Ali, ele guardava — Elaine viu — uma arma, um revólver calibre 38, com seis balas no tambor e as respectivas caixas de munição. Na rua, Bozinho estacionava um carro diferente por semana. Era uma realidade que não combinava com um rapaz que ganhava a vida com R$ 15 por dia como cobrador de lotação e depois como auxiliar de borracheiro. Além disso, era descrito nas redondezas como um jovem violento e cruel, o que ela só descobriria tardiamente.

Dez dias antes do sequestro, Bozinho havia cometido um assassinato dentro da Pantanal. Matara a tiros um jovem de 20 anos, que confirmou aos policiais como sendo "o filho da macumbeira", simplesmente para vingar o roubo de dez passes de ônibus de uma moradora amiga. Antes, no Natal de 2001, disse ter participado de um sequestro junto com Ivan Monstro, Itamar Messias Silva dos Santos e seu irmão André Cara Seca. A vítima fora um empresário no bairro de Santo Amaro, na zona sul, cujo resgate rendeu R$ 48 mil para a quadrilha.

No final da tarde de sábado, dia 19 de janeiro de 2002, quando Celso Daniel encontrava-se no cativeiro, Elaine foi até a casa do namorado para tentar entender por que ele havia desaparecido na noite anterior. Bozinho estava no chuveiro. Tenso. Na saída do banho, o bandido confessou o crime:

— Volta pra sua casa! A gente sequestrou o prefeito de Santo André, mas deu tudo errado. A gente vai se virar.

Quando o nome da namorada Elaine foi citado no júri que decretaria sua sentença de prisão, dez anos depois do crime, em 2012, na cidade de Itapecerica da Serra, Bozinho deu de ombros com certo ar *blasé*.

— Foi um caso que tive por pouco tempo. Tivemos várias brigas por ciúmes.

ITAMAR

Itamar Messias Silva dos Santos, com 21 anos em 2002, mudou-se do Guarujá, no litoral paulista, para a capital aos 5 anos, mas sempre tentou voltar a viver perto do mar. Era muito ligado à mãe desde que seu pai a agredira brutalmente, com catorze facadas, quando moravam no bairro de São Miguel Paulista, na periferia da zona leste da capital.

Itamar seguiria o histórico de violência doméstica. Em outubro de 2001, dois meses e meio antes do sequestro do prefeito de Santo André, ele espancou sua mulher, Simone Nascimento Nunes, cujos gritos despertaram a vizinhança do Jardim Melvi, na Praia Grande, no litoral sul de São Paulo.

— O Itamar estava doido — lembra uma vizinha.

Simone conhecera Itamar na cidade baiana de Itabuna, num escadão da rua Maria Tereza. Após o segundo ano de namoro, ela ficou grávida do primeiro filho. Quando o marido foi preso, já eram quatro crianças.

Itamar tinha quatro irmãos, dois deles presos na época da morte de Celso Daniel. Passava mais tempo na região da favela Pantanal, usando drogas, num cômodo que dividia com Bozinho, do que no bairro onde declarava residir, o Itaim Paulista, localizado na periferia leste da cidade.

Estudou até a antiga quinta série e trabalhou como office-boy num escritório de contabilidade, a poucas quadras da estação do metrô da Saúde, na zona sul paulistana. Mas a grana era curta e Itamar não demorou a trocar o trabalho pelo lucro do crime.

Quando conseguiu dinheiro com roubos de carros, alguns desmontados no Bar do Mineiro, e cujos pedaços eram distribuídos por encomenda, comprou uma casa na Praia Grande, no litoral sul do estado, para onde levou a mulher e sua prole.

Na virada para 2002, fez questão de abrir as portas da casa para os "meninos da Pantanal" passarem o réveillon. O dono de um bar na esquina lembra que ele pilotava um moderno Volkswagen Golf vermelho e que cerca de trinta pessoas estiveram na casa no feriado. Frequentaram o boteco para beber cerveja, cachaça e conhaque, usaram o pebolim (ou totó, como também é chamado) e ouviram à exaustão um CD da dupla sertaneja Bruno e Marrone.

A QUADRILHA DA FAVELA PANTANAL   53

Dos "meninos" que formaram a destemida quadrilha da Pantanal, Itamar era o que exibia a arma mais potente: uma submetralhadora compacta Uzi, de fabricação israelense.

Na crescente quadrilha, era o bandido Zoio de Gato, apelido que aprovava, alusão aos arregalados olhos verdes como bolas de gude. Também era, conforme concluíram os investigadores, o mais despreparado e incapaz de planejar ações criminosas. Nas palavras de um investigador, "sugestionado e tonto".

O menino assustado que crescera com o trauma da mãe esfaqueada pelo pai tinha sérios problemas de autoconfiança e a necessidade permanente de se posicionar como um líder temido em algum momento da vida. Encontrou Ivan, o Monstro.

Ouvido pela última vez, já diante de um júri, em 2012, Monstro afirmou que fora colocado ao lado de Itamar, no pavilhão de segurança máxima do presídio de Presidente Venceslau (SP), para controlar o horário dos remédios do comparsa, a fim de evitar suas já seguidas tentativas de suicídio. Ficariam juntos, presos, por anos — e em silêncio.

MARQUINHOS

Marcos Roberto Bispo dos Santos, o Marquinhos, nunca foi um frequentador da Pantanal, mas era bastante conhecido pela Justiça. Aos 28 anos, chamado para a empreitada criminosa com os "meninos" da favela, morava escondido na periferia sul de São Paulo.

Condenado pelo assalto a um posto de gasolina, era fugitivo da cadeia de Monte Sião, uma pequena cidade no sul de Minas Gerais, desde o feriado de Finados de 2001. Em 2002, casado e pai de dois filhos, o motorista do bando vivia com a mãe na Cidade Júlia, uma das vilas em crescente expansão de barracos na divisa da capital com Diadema.

Marquinhos estudara até a antiga quinta série, havia trabalhado como motoboy e frentista de um posto de gasolina, mas sua formação era mesmo a de assaltante. Os responsáveis pela investigação até hoje se lembram das características paradoxais: a voz irritantemente em rotação lenta e sem sobressaltos dava lugar à figura de um ladrão ágil ao volante.

JOHN

Quem convidou Marquinhos para a "fita do peixe grande" foi Elcyd Oliveira Brito, o John, com 22 anos em 2002. Também baiano de Itabuna, chegara a completar o ensino médio. Era mais astuto do que a média do grupo. Frequentava a Pantanal, antes do crime, para visitar a mãe, moradora da favela, na vizinhança da qual, anos mais tarde, depois de fugir da cadeia, já condenado pela morte do prefeito, voltaria a viver com documentos falsos.

John conhecia Bozinho, seu conterrâneo, e Zé Edison. Era um elo importante, de acordo com os investigadores. E detinha uma característica inequívoca: era o mais imprevisível do bando. Os policiais usavam um adjetivo comum ao citá-lo:

— Era arisco demais!

Interrogadas pela polícia quando da prisão dos maridos, as mulheres dos criminosos reconheceram em fotografias os membros da quadrilha. Também afirmaram que eles haviam admitido a participação no sequestro do prefeito Celso Daniel.

Tempos depois, quando o caso se tornou um novelo de versões desencontradas na Justiça e o medo de qualquer cumplicidade com o bando as assombrava, elas mudaram os depoimentos. Ninguém mais conhecia nem havia convivido com os bandidos nos barracos da Pantanal.

O silêncio já era a regra.

7 | As últimas horas

O primeiro passo da quadrilha da favela Pantanal, na semana do sequestro, consistiu em conseguir carros para o arrebatamento. Dois veículos seriam roubados: um Volkswagen Santana azul-escuro e uma Chevrolet Blazer escura.

O roubo da Blazer, placa CVS 9207, ficou a cargo de C.W., com menos de 18 anos na ocasião, um rapaz cuja audácia fez a vida terminar muito cedo.

Quem lhe encomendou o serviço foi Marcos Bispo, o Marquinhos, uma semana antes do sequestro de Celso Daniel, porque ele pretendia usar o veículo antes em outro crime, que acabaria não dando certo.

O Santana, placa BGY 5390, foi fácil de conseguir: a dupla Itamar e Bozinho já aterrorizava a Zona Sul de São Paulo com ações truculentas.

No dia 18 de janeiro, Adonízio Alves da Silva, cearense de Iguatu, com 51 anos, saiu de casa, no Jardim Primavera, com destino à casa da cunhada, na região da avenida Washington Luís, na Zona Sul. Segundos depois de estacionar, enquanto conversava com o porteiro pelo interfone, foi abordado por Itamar e Bozinho, que haviam encostado em um Palio cinza. Só daria tempo de desembarcar o filho e o sobrinho aos trancos.

Quando achado, em Taboão da Serra, o Santana havia rodado 276 quilômetros em poucos dias e estava todo sujo de lama, sem o macaco e o pneu estepe.

Bozinho só saiu em busca do segundo carro porque seu irmão, André Cara Seca, recusara a tarefa, o que lhe renderia uma punição. Na reunião secreta da favela Pantanal, na qual o grupo escalou o time do sequestro, Ivan Monstro resolveu deixá-lo de fora:

— Cara Seca não gostava de roubar carros e era a vez dele — explicaria Bozinho.[12]

André nunca se esqueceria desse dia.

Quem guardou os dois carros para o maior — e o último — sequestro da história da quadrilha foi Manoel Dantas de Santana Filho, o Cabeção, um dos que não seriam formalmente acusados pelo Ministério Público por falta de provas, embora tenha sido reconhecido por algumas testemunhas sob proteção como integrante do bando que agiu na noite de 18 de janeiro de 2002. Para muita gente, ele estava na cena do crime. Mas não houve acusação formal.

A garagem ficava nos fundos do Bar do Mineiro.

O aviso de que chegara a hora da empreitada do "peixe grande" partiu de um telefonema dado por volta das 21 horas, de Ivan Monstro para o barraco de Bozinho, que havia, nas palavras dele mesmo, montado uma "gambiarra" para roubar a linha de um orelhão instalado a poucos metros de sua casa.

— Vai lá no Itamar e pede pra ele marcar o ponto de encontro com o Zé Edison — ordenou Monstro.

---

[12] Depoimento ao Departamento de Homicídios e Proteção à Pessoa.

AS ÚLTIMAS HORAS

— Mas qual o telefone do Edison? — devolveu Bozinho.

— O Itamar sabe.

Bozinho deixou sua casa com um revólver .38 e uma pistola Taurus Millennium, calibre .380, carregados na cintura, e seguiu em direção ao casebre do vizinho Itamar. No caminho, cruzou com outros adolescentes que pouco tempo antes haviam aderido à quadrilha, mas que, sem experiência na bandidagem, eram escalados apenas para as "fitas" menores, chamados, no máximo, para roubar carros e para os furtos semanais, a fim de manter as finanças da turma. Sequestro era coisa para gente grande na Pantanal.

— Vamos rápido que tem uma fita de responsa. Ivan está com pressa — cobrou Bozinho.

O amigo Deivid dos Santos Barbosa, o Sapeco, de 19 anos, assentiu e bateu à porta de Itamar para dar o recado, que desceu com uma jaqueta folgada, que camuflava a vistosa submetralhadora Uzi.

Bozinho estava agitado:

— Itamar, vamos logo que o maluco já ligou e tá tudo no esquema.[13]

O próximo a ser localizado era John, um dos melhores pilotos da quadrilha, encarregado de buscar a Blazer escondida no Bar do Mineiro. Itamar também estaria a bordo. Bozinho sentou-se provisoriamente ao volante do Santana. Para retirar os carros, ele recorreria a adolescentes e crianças que chutavam bola e espiavam o apressado jovem bandido num misto de respeito e medo.

— Molecada, venham passar um pano! — determinou, prontamente seguido por uma fila de meninos sem muito o que fazer naquela noite de sexta.

"Passar um pano" era um jargão conhecido entre os garotos da Pantanal e significava vigiar as encruzilhadas da favela, alertas a alguma patrulha de viaturas da polícia.

---

[13] Depoimento ao Departamento de Homicídios e Proteção à Pessoa.

De lá, os criminosos seguiram para o chamado "Redondão", ponto de encontro onde Ivan Monstro os aguardava na companhia de Marquinhos, ambos a bordo de um Corsa verde.

O destino do comboio de criminosos era um trailer de salgados na avenida Fagundes Filho, na Saúde, Zona Sul, propriedade da mãe de Itamar, próximo à residência dela, no conjunto de habitação popular paulistano conhecido como Cingapura. Ali, Zé Edison, que vinha, de Embu, de carona com o irmão, José Erivan Aleixo da Silva, num Monza azul, se juntaria ao bando.

Tão logo ele chegou, o grupo ajeitou-se, conforme previamente determinado por Ivan Monstro, nos dois automóveis: John conduziria a Blazer, com Bozinho no banco do passageiro, e Itamar e sua submetralhadora no assento traseiro. No Santana, Marquinhos Piloto ficaria ao volante, com Ivan Monstro a seu lado direito e Zé Edison na parte de trás. O Santana não atacaria.

As chaves do Corsa verde ficaram guardadas no trailer da mãe de Itamar.

Por volta das 23h, a quadrilha da favela Pantanal já aguardava Celso Daniel e Sérgio Gomes da Silva na região dos Três Tombos. Tinha uma submetralhadora, cinco pistolas e um revólver .38, além de munição extra e aparelhos celulares. Uma operação enorme para quem pretendia — conforme uma das futuras versões dos criminosos — apenas apanhar o primeiro carro importado que passasse à vista.

A espera durou pouco até que o prefeito de Santo André chegasse ao encontro de seu inferno. O Pajero foi abordado pela Blazer, de onde Bozinho saltou em direção à porta do carona. Itamar quase estragou tudo ao despencar do carro em movimento. Ele abriu a porta antes da hora, tropeçou, caiu e, irado, deu de cara com o jipe. Atirou. Depois, estapeou com a mão burra o veículo, deixando as digitais no vidro. (Essas marcas, aliás, levariam a polícia a descobrir a quadrilha.) Diante da agitação do comparsa, Bozinho também disparou contra um dos pneus do Pajero. Os tiros e a profusão de gritos alarmaram a vizinhança.

— Abre a porta, caralho! — berrou a dupla Itamar e Bozinho, enquanto batia com o cano das armas contra os vidros blindados e forçava as maçanetas.

Então, a porta do passageiro se abriu. Bozinho retirou o prefeito de Santo André aos empurrões e o colocou no banco traseiro da Blazer. Tão logo Celso Daniel estava sob o controle da quadrilha, o Santana se aproximou.

— Vamos embora! — gritou Ivan Monstro, que rapidamente trocou de carro e sentou-se no banco passageiro da Blazer. Ele conduziria o sequestro.

A ação durou de dois a três minutos, conforme os registros dos pedidos de socorro dos moradores dos Três Tombos arquivados pelo relógio do Copom.

Na traseira da Blazer, o petista ficou espremido entre Itamar e Bozinho. Celso Daniel imediatamente entregou a carteira, que estava no bolso da calça, com a devida identificação funcional de prefeito de Santo André, alguns reais que sobraram do jantar no Rubaiyat, o relógio e seu aparelho celular.

O telefone do petista chegaria a tocar no trajeto até a favela Pantanal, mas Ivan Monstro mandou que fosse imediatamente desligado. Itamar seguiu as ordens.

Monstro também exigiu que todos os pertences do prefeito ficassem sob sua guarda, com uma exceção: os papéis que Celso Daniel carregava, em uma espécie de envelope pardo grande, deveriam ser queimados rapidamente, o que John fez na mesma madrugada.

O prefeito falou muito pouco. As poucas palavras consistiram em pedidos de calma e para que lhe poupassem a vida, segundo relatariam os sequestradores em depoimentos à Justiça e à polícia.

A mando dos criminosos, Celso Daniel manteve a cabeça abaixada para que não pudesse identificar o trajeto.

Pouco antes de chegar à favela Pantanal, Itamar ligou, de seu aparelho celular, para o orelhão usado como telefone clandestino da quadrilha — que se tornaria importante nesta história — e pediu que um dos menores que ajudavam o bando abrisse os portões do Bar do Mineiro, onde a Blazer escura seria escondida.

Naqueles primeiros minutos da madrugada de sábado, início de fim de semana, quando a Blazer e o Santana manobraram e estacionaram, traseira contra traseira, num dos becos da favela, muitos moradores ainda estavam acordados, o que ajudaria a polícia, nos dias seguintes, a perseguir o rastro da quadrilha.

Conforme o roteiro determinado por Ivan Monstro, Celso Daniel foi retirado da Blazer pela porta traseira direita, logo após Bozinho desembarcar, e arremessado no porta-malas do Santana azul. Marquinhos e Zé Edison seriam os encarregados de levá-lo ao cativeiro.

Da rua escura, o Santana tomou a direção do cativeiro, em São Lourenço da Serra. Seria viagem sem escala. No meio do caminho, porém, Marquinhos desistiu do crime e pediu para descer num acostamento, na região de Interlagos, perto de um hipermercado.

Irritado, Zé Edison assentiu, parou o carro aos palavrões, mas logo seguiu a rota da rodovia Régis Bittencourt rumo ao cativeiro — que ele mesmo escolhera e onde dois comparsas o aguardavam: Baianinho e Primo. Até hoje, os investigadores não têm certeza de quem exatamente fossem essas pessoas.

Os "carcereiros" de Celso Daniel jamais seriam identificados.

Segundo depoimentos de moradores — como o do dedetizador Luciano Silva Amorim ao DEIC, dado em 6 de fevereiro de 2002 — e dos próprios integrantes da quadrilha, a Blazer teria ficado o tempo todo escondida nos fundos do Bar do Mineiro. Mas essa versão é insustentável.

O aparelho número 1.036 do Departamento de Operação do Sistema Viário (DSV) da cidade de São Paulo registrou uma multa para o automóvel, precisamente às 2h06 de sábado, 19 de janeiro, no cruzamento da avenida Nações Unidas com a rua Flórida, na zona sul paulistana. O carro, portanto, não ficou na garagem do boteco durante toda a madrugada depois da fuga com o prefeito. Isso a polícia não investigou.

Os arquivos da polícia e do Ministério Público contêm depoimentos de jovens segundo os quais uma Blazer escura teria circulado na região onde o prefeito foi mantido em cativeiro. Ninguém, contudo, anotou a placa.

No início da tarde de sábado, após uma noite sombria, o trio líder da quadrilha se reuniu no barraco de Bozinho. Nesse ponto, os relatos dos criminosos às autoridades coincidem: além do dono da casa, lá estavam Monstro e Itamar, que travaram uma conversa nervosa sobre a repercussão do crime nos telejornais e reclamaram do silêncio de Zé Edison, que trouxera a "fita do peixe grande" para o grupo executar e era o homem do cativeiro. Durante a reunião improvisada, o trio Bozinho-Monstro-Itamar afinal conseguiria falar com ele.

Os telefones celulares e a linha pública do orelhão desviada para o barraco, aliás, seriam usados à exaustão. Mas telefonema algum jamais foi feito para precificar o resgate de Celso Daniel, recurso típico de um sequestro.

Bozinho, Itamar, o menor C.W. e Mauro Sérgio Santos de Souza, o Serginho, outro parceiro de futebol e crimes na Pantanal, incendiariam a Blazer no domingo, 20 de janeiro, dentro da própria favela, usando 2 litros de gasolina comprados num posto vizinho e armazenados em garrafas plásticas de refrigerante.

Um outro Santana azul imporia ainda mais dificuldade à investigação. Antes de o verdadeiro carro ser localizado, coberto por uma lona, dentro da própria favela Pantanal, um veículo similar fora achado pela equipe do delegado Romeu Tuma Junior, da Seccional de Taboão da Serra, que apurava outro caso barulhento desembocado na periferia de Embu.

Tuma estava em busca de Dionísio de Aquino Severo, que ainda será personagem deste livro e que escapara, a bordo de um helicóptero, de um presídio de Guarulhos e saltara num campo de futebol de Embu, área de sua jurisdição. Seis pessoas foram detidas na descoberta do Santana. Todas disseram que sabiam do caso Celso Daniel pela televisão. Nenhuma, porém, confessou participação no sequestro ou incriminou alguém.

Na época, o deputado federal Luiz Eduardo Greenhalgh, do PT de São Paulo, escalado, pela Câmara dos Deputados, para monitorar as investigações, alvoroçou-se à toa. Afinal, o carro não era o mesmo usado no sequestro do prefeito.

— Eles afirmam que sabem quem participou, mas não confessaram, não assumiram nada — disse.

O episódio do carro duplicado, porém, era só uma nuance de várias coincidências incríveis relativas ao crime. No sobrado de tijolos à vista, onde o outro Santana estava estacionado, havia um envelope timbrado do restaurante Rubaiyat, o mesmo em que o prefeito de Santo André jantara antes de ser raptado e morto.

Tuma afirmou que Cleilson Gomes de Souza, o Bola, criminoso que ajudara Dionísio na fuga de helicóptero dias antes, havia morado naquele local. E mais: era amigo de um ex-garçom do Rubaiyat chamado Carlos Eduardo Costa Marto.

AS ÚLTIMAS HORAS   63

Tratava-se, sem dúvida, de uma possibilidade intrigante. O delegado tinha o faro certo. Mas aquela era uma pista falsa. O laudo da Polícia Científica não atestaria que os fios de cabelo brancos no porta-malas do automóvel eram do prefeito petista, e as investigações concluiriam que Celso Daniel estivera trancafiado a dezenas de quilômetros daquele casebre.

O verdadeiro cativeiro onde Celso Daniel ficou já estava em operação havia semanas e escondia outras vítimas.

Numa loja de instalação de som e películas de vidros para carros, localizada num bairro de periferia da Zona Oeste de São Paulo, José Edison vira, pregadas na parede, fotos de um sítio disponível para locação.

A propriedade, de Nelson Olio Junior, ficava a poucos minutos de Itapecerica da Serra, perto de um parque aquático. Na região, é comum a oferta de chácaras para temporadas e fins de semana. O imóvel, com dois quartos, sala e um banheiro, estava em situação precária. Só havia energia elétrica graças a uma espécie de extensão, emprestada pelo vizinho, e a rede de água não estava pronta. A área, contudo, era escura e silenciosa, cercada por um matagal e pouco patrulhada pela polícia.

Após uma conversa com o filho do dono do sítio, Bruno Pires Olio, José Edison acertou o aluguel por trinta dias. Ele e o irmão José Erivan, o Van, combinaram com o proprietário que pagariam R$ 250 de entrada e outra parcela idêntica na devolução das chaves. Inventaram que acomodariam familiares do Nordeste que viriam conhecer a cidade de São Paulo.

Antes de Celso Daniel, o sítio servira de cativeiro para outra vítima, um travesti raptado por José Edison e seus comparsas quando desembarcava de um moderno Audi A3. Pelo valor do carro, o sequestrador imaginara que a vítima tivesse dinheiro guardado ou

64 CELSO DANIEL

familiares a serem extorquidos. Mas não havia nem dinheiro nem família disposta a pagar R$ 3 mil pelo resgate.[14] José Edison irritou-se quando a voz da vítima subitamente engrossou, e determinou:

— É um traveco! Tem que morrer!

Foi executado.

No cativeiro, os investigadores da morte do prefeito encontraram, dentro de um poço, um sapato feminino de salto alto usado pelo travesti. Assim como Celso Daniel, a vítima foi assassinada a tiros — o corpo seria achado no município paulista de Miracatu, a menos de 130 quilômetros da capital.

Simultaneamente ao sequestro do prefeito de Santo André, José Edison e José Erivan tinham outro rapto em curso. Elaine Moreira dos Santos Toledo ficaria nove dias trancafiada num cômodo enquanto seu pai, Hélio Toledo, era extorquido. Ela fora abordada na porta de casa, três dias antes do sequestro de Celso Daniel, quando dirigia seu Volkswagen Voyage. O pai vira tudo.

Colocada no banco traseiro por um homem encapuzado, foi levada até uma rua vazia, onde seria jogada no porta-malas de um Santana azul-escuro. De lá, seguiu para o cativeiro. Passou mais de uma semana comendo um prato de macarrão por dia e podendo sair apenas uma vez para usar o banheiro. Perderia 3 quilos nos dias de horror em que esteve nas mãos de José Edison.

No cativeiro, além da voz dos algozes, ela se recorda de ter ouvido uma voz feminina e outra de criança, e o noticiário constante na televisão sobre o sequestro do prefeito.

Na sentença contra os irmãos criminosos, aparece o nome D., personagem não identificada. Coincidentemente, porém, é o mesmo

---

[14] GRIMALDI, Danilo. "Celso foi vítima de sequestradores amadores, diz delegado". *Diário do Grande ABC,* 19 jan. 2003.

nome da menor que José Edison namorava na época e que estaria na Bahia.

Elaine seria libertada após o pagamento de resgate. Inicialmente, os bandidos exigiam R$ 300 mil, mas acabaram aceitando R$ 30 mil, entregues pelo pai da vítima em um pacote deixado num telefone público às margens da rodovia Raposo Tavares.

É muito provável que ela tenha dividido o cativeiro com Celso Daniel — este, em suas últimas horas.

8 | A fuga da favela

Nas semanas seguintes ao assassinato de Celso Daniel, já com algum dinheiro no bolso, a quadrilha da favela Pantanal dispersou-se em células. O plano em comum consistia em fugir para o Nordeste, especialmente para o interior da Bahia, onde se reorganizariam. Àquela altura, não era mais mistério que a polícia os procurava, graças às denúncias de moradores da favela e às pistas que eles mesmos deixaram pelo caminho.

Àquela altura, uma mulher chamada Maria Amaro Leite já relatara ao DHPP ter sido ameaçada de morte depois de presenciar, por volta das 20h do dia 29 de janeiro de 2002, a conversa de um grupo de jovens num telefone público próximo à Pantanal, instalado na rua José Ramos Teixeira, ao lado da escola municipal Monteiro Lobato. Segundo ela, eram três meninos e uma menina, que se revezavam ao telefone. O assunto era o sequestro por encomenda do prefeito. Os rapazes eram Mauro Sérgio Santos de Souza, o Serginho, e Manoel Dantas de Santana Filho, o Cabeção.[15]

---

[15] Relatório da CPI dos Bingos, do Senado.

A testemunha também contou que fora abordada na rua, mais de uma vez, por um homem que lhe oferecia dinheiro para não contar à polícia o diálogo ouvido no telefone público. O homem, de acordo com ela, era o mesmo que aparecera no *Jornal da Record*, apresentado por Boris Casoy. A reportagem exibia a imagem do empresário Sérgio Sombra.

A defesa do empresário e os delegados da Polícia Civil desclassificariam o depoimento e repetiriam que a testemunha era conhecida na polícia como "Maria Louca". Os promotores, no entanto, a levaram a sério.

Ela ainda seria ouvida mais uma vez, no dia 20 de abril, pelo delegado Hermes Rubens Siviero Junior, da Polícia Federal. Foi retirada da favela e incluída, durante meses, no Provita, o serviço federal de proteção a testemunhas.

A dupla mais tensa, Bozinho e Itamar, quis sair logo da favela. Zé Edison, cuja ligação com o grupo não era tão estreita, sumira. Mas Ivan Monstro, Marquinhos e John decidiram aproveitar o feriado de carnaval no litoral paulista antes de seguirem para o Nordeste.

A dona de casa Heloísa Helena Alves da Silva, de 40 anos, viúva, não estranhou quando a filha Sheila da Silva Oliveira, de 19 anos, pediu para receber um grupo de amigas na casa onde moravam, no Guarujá, no litoral sul de São Paulo, durante o carnaval.

Na terça-feira anterior ao feriadão, Sheila conversara animadamente com a amiga Aninha, que conhecia havia seis anos, e esta combinara de descer para a praia, de ônibus, com Paula e Marisa. Acertaram também que um grupo de colegas do Jardim Miriam, situado nas cercanias da favela Pantanal, viria logo depois. Por força do trânsito nas rodovias que levam ao litoral paulista, contudo, a turma de rapazes chegou antes do ônibus com as meninas.

Era noite de sexta-feira. O primeiro a aparecer no endereço — sorridente e espalhafatoso, pilotando uma moto Honda NX 400

A FUGA DA FAVELA 69

Falcon de cor prata — foi o agitado Deivid dos Santos Barbosa, o já citado Sapeco, como conhecido nas quebradas da Pantanal. Logo em seguida, encostaria um Monza escuro, com vidros intransponíveis, trazendo John, Titão e o mais velho, apelidado de Tiozinho — era Ivan Monstro. Neste carro havia um quarto homem, cujos registros, em depoimentos prestados à polícia, não identificam nome nem apelido, mas guardam uma descrição: tinha cerca de 1,80 m de altura, olhos castanhos e cabelos ondulados, fala tímida e tranquila.

Marcos Bispo, o Marquinhos, também teria curtido o carnaval nas redondezas e até bebido com os comparsas, até desaparecer sem se despedir de ninguém.

Tiozinho era um dos apelidos que Ivan Monstro detestava. Aceitava-o, porém, porque, como o bando que o seguia nascera uma década antes, isso parecia lhe assegurar certa autoridade.

Estava então mais gordo do que nos registros do sistema penitenciário do estado, de onde fugira após passagens recentes pela Casa de Detenção de São Paulo e os presídios de Itapetininga e Sorocaba, ambos no interior paulista. Também passara a usar um bigode ralo e o cabelo raspado.

Uma coisa chamaria atenção do delegado José Masi e do seu escrivão quando tomaram os depoimentos da turma do carnaval no Guarujá: era ele quem sempre pagava as despesas. Monstro era o caixa da turma.

A noite de sábado de carnaval foi animada. Começara às 20h30 para acabar com o grupo em festa, música alta, às 6h da manhã, num dos quiosques da orla da praia. Sheila lembra que, no domingo, alguns nem conseguiriam dormir, especialmente a dupla encrencada, Monstro e John, que conversava ao pé do ouvido ou ao telefone — o primeiro carregava um aparelho celular no bolso, mas constantemente usava o orelhão próximo à casa.

As meninas que flertaram com os criminosos da favela Pantanal também se recordariam de um detalhe: Ivan Monstro recusou-se a ir a um baile de carnaval num clube próximo porque, segundo ele, o local era propício à confusão. Mal sabiam elas que ele era a confusão.

A anfitriã Sheila chegara a comentar com as amigas que Monstro e John evitavam lugares cheios, ao contrário do festeiro Sapeco, que as acompanhava a tudo.

A Polícia Militar, aliás, estivera cara a cara com os criminosos naquele feriado. Parado numa blitz na praia da Enseada, Sapeco, de moto, assustado e sem documentos, seria socorrido por Ivan Monstro, que deixara o carro em que seguia, logo atrás, e se apresentara aos policiais como o dono da motocicleta. Foram liberados.

Naquele instante, a PM deixara ir um dos personagens mais importantes do assassinato de Celso Daniel.

Na noite de domingo daquele chuvoso carnaval, Ivan Monstro chamou o grupo de criminosos para uma ida até o município vizinho de Peruíbe. Passaram também pelo litoral norte, no balneário de Boiçucanga, e subiram a serra rumo a São Paulo.

Das poucas conversas que as mulheres ouviram naqueles dias — segundo elas, sem se imaginarem cercadas por bandidos de altíssima periculosidade —, entendeu-se que Monstro e John estavam a caminho de outra região do país. Falaram de uma temporada no Norte, ainda que, na prática, o destino verdadeiro fosse o Nordeste.

Enquanto parte do bando passava o feriado no litoral paulista, o restante já estava longe do estado, desde o dia 22 de janeiro, cometendo novos crimes e buscando refúgio no interior da Bahia, onde a quadrilha se reuniria.

Certos de que haviam sido dedurados pelos moradores da Pantanal, Bozinho, seu irmão André Cara Seca, Itamar Messias, Serginho e Alemão — estes dois últimos também integrantes da enorme gangue formada na favela — compraram passagens da Viação São Geraldo, no Terminal Rodoviário do Tietê, e rapidamente embarcaram rumo a Salvador.

Na capital baiana, o grupo tinha alguém a esperá-lo, um homem conhecido nos registros policiais apenas como Didi, ex-policial que trabalhava como taxista. Logo na chegada, a turma foi informada pelo anfitrião de que já havia "trabalho" a fazer: roubar um Gol vermelho estacionado num supermercado no centro de Salvador. A segunda missão seria um assalto a uma casa, de onde levaram R$ 1,5 mil.

A estada inicial na Bahia, entretanto, foi curta. O bando continuava amedrontado e decidiu se dividir, mas não sem combinar algumas versões, caso alguém fosse capturado. Serginho e Alemão voltaram logo para São Paulo. André Cara Seca optou por Vitória da Conquista, no centro-sul baiano, a quase 500 quilômetros de Salvador, para ver sua mulher, segundo diria aos policiais. Ela fora para a Bahia com medo dos investigadores que varriam a favela Pantanal em busca dos assassinos do prefeito.

Bozinho e Itamar decidiram deixar o Nordeste, mas não voltaram para o ABC paulista. Esconderam-se na casa de uma amiga da mulher de Itamar, na região de Cotia, no entorno da capital. A parada também seria relâmpago. Três dias depois, os dois retornaram à Bahia, onde o líder da quadrilha, Ivan Monstro, aguardava-os para reagrupar e combinar um pacto de silêncio.

9 | A caçada

Apesar dos esforços de diferentes delegacias da Polícia Civil de São Paulo, quem capturou os principais bandidos da favela Pantanal foi o Departamento de Investigações Criminais do estado, o DEIC, precisamente a equipe do delegado Edison Remigio de Santi, na época com 43 anos e cabelos grisalhos.

Antes da carreira policial, Edison Santi sonhava em ir longe como goleiro de futebol. Jogou nos times de base do Juventus, da Mooca, bairro onde morava. Tentou também, no início da década de 1970, a Academia do Palmeiras. Apesar de santista fanático, arriscou-se ainda na tradicional peneira no terrão do Corinthians. A altura, contudo, seria um problema: 1,75 m, estatura considerada baixa para um arqueiro.

Com voz forte e marcante, na década de 1980 Santi resolveu trabalhar como repórter policial em emissoras de rádio e televisão. Passou pelas rádios Bandeirantes e Globo e pela TV Record — foi produtor do folclórico apresentador Gil Gomes — até entrar para a Polícia Civil do Estado de São Paulo.[16]

Foi ele quem chegou ao coração da quadrilha.

*

---

[16] SILVA, Tufano. "Que fim levou?" Terceiro Tempo/UOL. Disponível em: <http://terceirotempo.bol.uol.com.br/que-fim-levou/edison-santi-5466>.

A polícia já seguia pistas obtidas na favela Pantanal, mas se sacudiu num alerta enviado pela Rádio Jovem Pan, que oficialmente comunicou ter recebido um telefonema anônimo que indicava os nomes dos sequestradores por alcunhas bastante conhecidas nas ruelas de Diadema. Dizia a mensagem: "Foi coisa do Monstro, Bozinho, Cara Seca e do Itamar."

A informação era verdadeira. A fonte, porém, nunca foi um telefonema anônimo, mas sim, sob cláusula de sigilo máximo dentro da emissora, uma funcionária, moradora da Pantanal. Segundo ela, os vizinhos sabiam que os "meninos" tinham entrado numa tremenda enrascada.

Não era só. Outra pista apontava para a favela: em algum momento, nas horas depois do sequestro, um dos criminosos ligara, por segundos decisivos, o celular que Celso Daniel carregava. O telefone, então, tocou. Assustado, o bandido, cujo nome nunca foi descoberto — muito provavelmente o atrapalhado Itamar —, desligou o aparelho, sem saber, no entanto, que aqueles breves instantes bastariam para que o rastreamento da precária Estação Rádio Base (ERB) desenhasse as coordenadas de Diadema, na fronteira sul de São Paulo.

Os investigadores da polícia varreram sem sossego os barracos em busca de testemunhas na Pantanal. Com pouco sucesso. Ninguém tinha coragem de falar — não abertamente — sobre o que se ouvia nas esquinas da favela.

Quando a equipe do DEIC, contudo, chegou ao endereço indicado pela suposta denúncia à Rádio Jovem Pan, o agente chamado José Carlos encontrou um papel boiando numa poça no chão de terra batida do barraco. Então, averiguou:

— Doutor Santi, como é mesmo o nome do prefeito?

Ao ouvir a confirmação, atônito, o agente exibiu para o delegado o extrato de pagamento, encharcado, de um plano de saúde, mas cujas letras ainda eram legíveis: estava em nome de Celso Augusto

Daniel. Era o primeiro elemento concreto a ligar o sequestro ao beco da favela Pantanal. Prova armada ou não, era uma pista palpável e o dever da polícia era segui-la.

Talvez tenha sido essa a mais grave falha de John na execução do plano desde sempre imperfeito: um dos documentos que o prefeito carregava ficara para trás e não fora queimado, conforme determinado por Ivan Monstro.

A verdade é que ali, ainda que se pudesse desconfiar de cena forjada, os investigadores tiveram certeza de que a elucidação do caso Celso Daniel passava por aquela favela, e estavam praticamente certos de que o prefeito estivera na Pantanal antes de ser levado ao cativeiro na região de Juquitiba e de São Lourenço da Serra. A partir de então, as equipes do DEIC e do DHPP tinham uma lista de 25 nomes para encontrar.

A quadrilha toda — embora menos de um terço dela tenha sido efetivamente condenado pelo arrebatamento do prefeito — seria caçada. E não só nas encruzilhadas da Pantanal. Naqueles dias, tardes e madrugadas, quase todos os "meninos" haviam desaparecido subitamente dos olhares desconfiados e atentos da estreita favela.

A prisão mais importante da equipe do delegado Edison Santi foi a de Ivan Monstro, localizado pelo delegado Arli Reginaldo depois de uma dificuldade inicial: nos arquivos da polícia, especialmente nas fotos de sua passagem pregressa pela Penitenciária de Sorocaba (SP), o bandido não era conhecido pela alcunha de Monstro. Quando, porém, as pistas se cruzaram, os policiais conseguiram rastrear os números de celular usados por ele.

Àquela altura, Monstro já operava outros sequestros com várias quadrilhas aliadas. Era criminoso respeitado também pelas diversas conexões que detinha, inclusive com facções rivais. Era protegido nas ruas.

Doze dias depois do sequestro de Celso Daniel, ele fora preso enquanto fazia uma rápida viagem a Sarandi, cidade perto de Maringá, no Paraná. Quem o acompanhava era John. Assim, dois dos algozes do prefeito de Santo André estavam nas mãos da polícia.

A casa onde a dupla passara a noite fora invadida por cinco policiais civis. Os dois bandidos foram levados para a 9ª Subdelegacia de Maringá, onde, de acordo com as investigações, travou-se intensa negociação de pagamento de propina em troca de liberdade. O advogado Marcos Cristiane da Silva, mais tarde denunciado pelo Ministério Público por crime de extorsão mediante sequestro, intermediou o suborno.

Na noite de 30 de janeiro de 2002, Ivan Monstro desembolsou R$ 10 mil, em dinheiro vivo, e entregou a casa em Sarandi e uma caminhonete Ford Ranger para o grupo de policiais corruptos e o advogado.[17] Segundo as investigações da Corregedoria da Polícia paranaense, a casa, aliás, foi transferida para o nome do advogado. A Ranger ficou no nome da irmã dele.

Ivan Monstro escapou.

Meses depois, ele teria um novo parceiro na execução de sequestros em série. Era Gilmar dos Santos Neves — homônimo de um dos maiores goleiros da história do Brasil, bicampeão mundial com a seleção brasileira —, conhecido pelo apelido de Mancha, um dos sequestradores mais procurados do país.

No dia 4 de junho, a equipe do DEIC interceptou um telefonema de Monstro para Mancha que indicava a transferência de uma vítima de um cativeiro para outro: um menino de 11 anos raptado havia duas semanas. A criança estivera junto da mãe, espancada e

---

[17] "Liberdade de sequestrador de Daniel custou R$ 50 mil, diz corregedor". *Folha de S.Paulo*, 13 mar. 2003.

libertada dias antes para pressionar a família a pagar o resgate. Os criminosos exigiam R$ 400 mil, mas a negociação estava em R$ 28 mil quando foram cercados pela polícia. O "transporte" do garoto, como o bando tratava ao telefone, seria escoltado por mais quatro bandidos.

Os agentes montaram a tocaia dentro de um caminhão. Minutos antes do horário combinado, no entanto, Monstro telefonou para o comparsa desmarcando o encontro.

O fracasso da operação policial duraria pouco. A equipe estava obstinada em rendê-lo. No dia seguinte, 5 de junho de 2002, por volta das 10h, as escutas captaram uma nova chamada telefônica de Ivan Monstro para um comparsa. Ele estava na antiga favela do Pavão, próxima ao centro de treinamento do São Paulo Futebol Clube, no bairro da Barra Funda, na Zona Oeste da capital paulista.

O delegado Edison Santi saiu à sua captura e pediu reforço imediatamente pelo rádio. O menino sequestrado, conforme as indicações dos grampos da Polícia Civil, seria levado para um cativeiro no município de Santa Isabel, nas cercanias de Arujá e Guarulhos, num carro pilotado por Mancha.

Quatro viaturas da polícia chegaram a jato, com as sirenes gritando, e cercaram as saídas da pequena favela do Pavão. Com a cabeça raspada, um bigode ralo e mais gordo, conforme o relato de quem o vira no feriado de carnaval, Ivan Monstro estava encurralado.

Muito bem armado, ele ainda reagiria. Logo, porém, notou que não havia rota de fuga. Estava com Elias Manoel da Silva, de 29 anos, fugitivo da Penitenciária de Hortolândia, no interior de São Paulo.

O delegado Edison Santi quebrou Ivan Monstro:[18]

— Finalmente te peguei!

Rendido, o bandido respondeu calmamente:

---

[18] ANGRIMANI, Danilo. "Celso foi vítima de sequestradores amadores, diz delegado". *Diário do Grande ABC*, 19 jan. 2003.

— Doutor, achei que o senhor tinha me esquecido...

Ivan Monstro era tão conhecido da polícia que, detido pelo sequestro e pela morte de Celso Daniel, assinou também, sem cerimônia, a autoria de mais quatro assassinatos recentes.

Naquela manhã de 5 de junho, entretanto, os investigadores do crime de Santo André tinham pressa em saber outra coisa: o paradeiro de três vítimas sequestradas nas últimas semanas. E, antes de qualquer coisa, onde estava, afinal, o menino de 11 anos?

Monstro rapidamente entregou o endereço do cativeiro em Santa Isabel, município vizinho da capital paulista, onde ele e Mancha mantinham trancafiados, em quartos separados, tanto o menino quanto mais dois homens, o comerciante Jorge Macarone, dono de uma revendedora de automóveis (raptado havia uma semana), e o serralheiro Marlon Feliciano da Silva (sequestrado, por engano, havia oito dias).

Trinta homens da polícia, fortemente armados, invadiram o local a pontapés e, nas horas seguintes, derrubaram o que foi preciso para libertar a criança e os dois homens.

"O menino estava assustado, chorava muito, só se acalmou quando foi colocado no banco de uma viatura da polícia. Foi emocionante, tenho uma filha da mesma idade", relatou ao *Jornal da Globo*, naquela noite, o delegado Antônio de Olim, da Divisão Antissequestro da Polícia Civil.[19]

Mancha, contudo, havia escapado. Ele só seria preso na ensolarada tarde do dia 4 de janeiro de 2003, na praia da Enseada, no Guarujá. Aos 24 anos, era investigado pela autoria de mais de vinte sequestros, segundo a Secretaria de Segurança Pública do Estado de São Paulo.[20]

---

[19] Transcrição de declaração. *Jornal da Globo*, 5 jun. 2002.
[20] Boletim da Secretaria de Segurança Pública do Estado de São Paulo, 8 jan. 2003. Disponível em: <http://www.ssp.sp.gov.br/noticia/lenoticia.aspx?id=17674>.

A CAÇADA

Durante as investigações do assassinato do prefeito Celso Daniel, o DEIC descobriu que Mancha também era pago por diferentes quadrilhas, inclusive pela de Monstro, para negociar os resgates com as famílias das vítimas. Frio e torturador, ameaçava — e às vezes cumpria — cortar um pedaço da orelha ou um naco do dedo dos sequestrados e enviar aos parentes como prova de que de fato a pessoa estava sob a sua mira.

Ele foi pego, depois de um longo banho de mar, quando retornava para a casa que alugara no Guarujá. Estava armado, mas não teve tempo de sacar a pistola, que escondera minutos antes. A equipe do DEIC monitorava todos os seus passos na praia, com dezenas de homens espalhados à paisana, usando chinelos e bermudas como se fossem surfistas ou estivessem curtindo o dia de sol no litoral. Eram alguns dos melhores agentes da polícia, comandados pelo delegado Edison Santi, que, naquela tarde marcante para sua carreira, fez questão de vestir a camisa de seu time do coração, o Santos Futebol Clube.

Mancha ficou surpreso ao notar que os homens perto da garagem da casa alugada, onde acabara de estacionar, apontavam armas para sua cabeça. Pensara serem caiçaras até notar os armamentos.[21] Fez um único pedido ao ser abordado pelos policiais, cuidadosamente acomodado no carro que o levaria para trás das grades:

— Por favor, não me matem.

A prisão no Guarujá era o fim da linha para um dos sequestradores mais cruéis do estado de São Paulo.

A captura mais fácil seria a de Marcos Bispo, o Marquinhos, nos primeiros dias de março. Ele estava em casa, nas redondezas da Favela Pantanal, quando a polícia cercou o local. Tentou ainda pular

---

[21] "Sequestrador é preso ao voltar da praia". Agência Estado, 5 jan. 2003. Disponível em: <http://brasil.estadao.com.br/noticias/geral,sequestrador-e-preso-ao-voltar-da-praia,20030105p4130>.

um muro para fugir, mas deu de cara com um agente. Para além do sequestro do prefeito, o bandido tinha contra si um alerta de "procurado", fugitivo que era da Penitenciária de Monte Sião, em Minas Gerais.

Andrelison dos Santos Oliveira, o André Cara Seca, seria preso no dia 19 de fevereiro, perto da casa do sogro, em Vitória da Conquista, Bahia, onde estava sua mulher, depois de ter se separado do bando da favela Pantanal.

Levado por policiais federais até São Paulo, repetiu à exaustão que não participara do sequestro porque fora preterido, na noite do arrebatamento de Celso Daniel, pelo líder da quadrilha, Ivan Monstro. Tão logo desembarcou no Aeroporto de Congonhas, indicou o nome do irmão, Bozinho, como um dos responsáveis pela ação.

Bozinho e Itamar haviam decidido escapulir da Bahia no dia 1º de março de 2002, a bordo de um ônibus que iria de Itabuna à cidade de Aparecida do Norte, município paulista que abriga um dos maiores locais de peregrinação católica da América Latina. Os agentes da Polícia Federal, no entanto, localizaram a dupla e informaram à Superintendência em São Paulo. Os criminosos foram presos durante uma parada na rodovia Presidente Dutra, no posto Arco-Íris, já próximo ao santuário. Não reagiram.

Nas mochilas acomodadas dentro do ônibus havia uma pistola automática, muita munição e uma submetralhadora, cujo gatilho era bastante conhecido pelos investigadores.

Naquela mesma semana, os policiais também obtiveram a principal pista material contra o bando. Um laudo do Instituto de Criminalística de São Paulo apontou que as digitais deixadas no vidro dianteiro do Pajero em que Celso Daniel estava quando sequestrado eram dos dedos de Itamar Messias.

Além disso, àquela altura, Simone e Elaine, respectivamente as mulheres de Itamar e Bozinho, ambas interrogadas em 22 de fevereiro de 2002, já haviam admitido a participação dos dois no rapto do prefeito.

Foi Itamar, aliás, quem entregou, assim que preso, o nome de outro importante membro da quadrilha, Zé Edison.[22]

Quando a foto do principal desaparecido, Zé Edison, foi divulgada pelos jornais e pela televisão, após ter sido delatado por Itamar, um delegado de Vitória da Conquista, Bahia, telefonou para a polícia de São Paulo informando que seguia os passos de um bandido com traços e métodos similares havia semanas. O Departamento da Polícia Judiciária do interior do estado efetuou a prisão de Zé Edison rapidamente, mas alarmou-se com a audácia dele.

Zé Edison estava numa caminhonete prestes a assaltar um supermercado. A polícia chegou. Havia ainda, porém, John na cobertura. Os criminosos estavam armados com pistolas automáticas. No meio da troca de tiros, os bandidos chegariam a lançar uma granada, que, por sorte, não explodiu. Zé Edison, enfim, foi encurralado e detido pelos agentes.

John conseguiria fugir. A partir dali, para a polícia paulista, sua prisão era questão de honra.

*

---

[22] "Preso acusa cúmplice de ter assassinado prefeito". Agência Estado, 2 mar. 2002. Disponível em: <http://brasil.estadao.com.br/noticias/geral,preso-acusa-cumplice-de-ter-assassinado--prefeito,20020302p15843>

John ainda escapou outra vez dos homens do DEIC, em agosto. Estava na casa da namorada, em Embu-Guaçu, quando a polícia bateu à porta, à sua caça, pela primeira vez. Ele não hesitou em saltar de uma altura de 7 metros.

— O amor quase o levou à cadeia. Ele pulou, embrenhou-se no matagal e fugiu, sumiu no meio do mato — afirmou o delegado Edison Santi.[23]

Seria, afinal, capturado vinte dias depois, na manhã de 12 de setembro. Estava na favela do Sapé, no bairro do Rio Pequeno, nas cercanias da rodovia Raposo Tavares, na casa que Zé Edison, então preso, dividia com o irmão José Erivan, o Van.

Os policiais cercaram a casa de alvenaria às 5h30, pela rua Tomé de Lara Falcão. Na parte de baixo, moravam os pais de José Edison e José Erivan e a mulher do primeiro, que estava grávida. No local, John escondia uma pistola 9mm, seis carregadores e munição de calibre .12.

Dias depois, já preso no DEIC de São Paulo, John ainda tentaria escapar pelos fundos do prédio, mas despencou das telhas frágeis junto com o agente que o perseguia. Caiu sobre um sofá e foi levado para a emergência de um hospital de Santana, na Zona Norte da cidade, com alguns poucos ferimentos leves.

O investigador Lúcio Mauro Alves Bernardes, que desabou com o criminoso, fraturou a tíbia e o perônio, e passou um bom tempo caminhando com o auxílio de uma bengala.

No dia 16 de junho de 2003, investigadores do Departamento de Homicídios e Proteção à Pessoa (DHPP) prenderam outro suspeito, Mauro Sérgio Santos de Souza, o Serginho, de 20 anos, um dos poucos a retornar à favela Pantanal — ele acreditava não estar na mira dos policiais.

---

[23] Acareação na CPI dos Bingos, do Senado.

A CAÇADA

Embora os investigadores tenham concluído que não havia indícios de uma atuação direta de Serginho no arrebatamento de Celso Daniel, ele conhecia os planos e participara da maioria das ações da quadrilha. Fora um dos responsáveis por incendiar a Blazer usada no crime contra o prefeito, e depois acompanharia o bando em fuga pelo Nordeste.

Na noite em que foi cercado, Serginho dançava animadamente em uma festa junina na favela, mas percebeu a chegada dos policiais, sacou um revólver e tentou escapar a tiros. Foi baleado, porém, e acabou internado em estado grave em um hospital de Diadema. O tiroteio feriu um policial e cinco moradores da Pantanal.[24]

Juscelino da Costa Barros, o Cara de Gato, de 23 anos, também seria preso dentro da favela, no dia 6 de setembro de 2003, localizado a partir de uma denúncia anônima.[25] Na época, já era procurado pela polícia por roubo e porte ilegal de arma.

Os investigadores também afirmaram que Cara de Gato, a exemplo de Serginho, não atuara na noite do sequestro de Celso Daniel, mas acompanhara todas as conversas e era integrante ativo da quadrilha.

Deivid dos Santos Barbosa, o festeiro Sapeco do carnaval no litoral, havia sido preso no dia 27 de fevereiro daquele ano.[26] Era um dos poucos ainda com ficha criminal limpa. Na casa dele também foi detido Manoel Dantas de Santana Filho, o Cabeção, que cuidava da garagem dos carros roubados nos fundos do Bar do Mineiro.

O menor C.W., que roubara a Blazer usada no sequestro, morreria pouco tempo depois, durante um assalto.

A quadrilha da favela Pantanal estava desmantelada.

---

[24] "Preso mais um integrante do bando do 'Monstro'". Agência Estado, 16 jun. 2002. Disponível em: <http://brasil.estadao.com.br/noticias/geral,preso-mais-um-integrante-do-bando-do--monstro,20020616p17999>.

[25] "Cara de Gato nega ter assassinado prefeito". *Diário do Nordeste*, 7 set. 2002.

[26] XAVIER, Jesuan. "Preso mais um suspeito da morte de Celso Daniel". UOL, 27 fev. 2002. Disponível em: <http://noticias.uol.com.br/ajb/2002/02/27/ult740u3000.jhtm>.

10 | O "torro" não se mata

Com a quadrilha da favela Pantanal finalmente enjaulada pela Polícia Civil do Estado de São Paulo, foram tomados vários depoimentos. As confissões emergiram sem tanto esforço. A possibilidade de Celso Daniel ter sido vítima de uma trama política estava descartada pelos policiais e, especialmente, pelo próprio Partido dos Trabalhadores. Nenhum investigador apostava, então, que o caso seria revisitado dezenas de vezes ao longo dos anos — pela própria polícia e mesmo por uma CPI no Congresso Nacional.

Para os policiais que tanto apressaram a conclusão do caso, o emaranhado de histórias que sempre sugeriram um crime de mando, e de fundo político, fora desembaraçado ao ouvirem uma versão — dos criminosos — que a família do prefeito e o Ministério Público jamais aceitaram.

Quando preso, o trio central da quadrilha — Ivan Monstro, Bozinho e Itamar — apresentou explicações confusas para o que ocorrera na noite de 18 de janeiro de 2002. Eles tinham um alvo em comum para tentar se livrar de punições mais severas. Haviam combinado — na Bahia, quando em fuga — que a culpa deveria recair sobre José Edison, o senhor do cativeiro. Afinal, oficialmente, a "fita do peixe grande" era dele. Assim, repetiriam, num primeiro momento, a trama da Dakota vermelha.

Segundo o bando, José Edison sugerira sequestrar um comerciante que detinha uma banca no Ceagesp, o gigantesco entreposto de flores, hortifrutigranjeiros e peixes na Zona Oeste da capital paulista. Ele lhes teria contado que o empresário andava com maços de dinheiro vivo nos bolsos e era dono de uma vistosa caminhonete vermelha Dodge Dakota, um carro bastante cobiçado na época. Mais: de acordo com o bandido, a vítima do rapto que nunca ocorreu percorria tradicionalmente a região dos Três Tombos, na Zona Sul de São Paulo, rumo à rodovia Anchieta, com destino ao litoral sul paulista.

José Edison afirmou às autoridades que, na noite do sequestro, perseguira a picape, mas a perdera de vista. Diante do fracasso da operação, e sabendo que um grupo aliado saíra fortemente armado da favela Pantanal, declarou ter telefonado para o aparelho celular de Ivan Monstro e informado sobre o fiasco de sua perseguição. A ordem do líder da quadrilha, contudo, era não perder a viagem. O primeiro carro importado que avistasse deveria ser abordado. Alguém teria de ser raptado naquela noite de sexta-feira.

Conforme relato dos bandidos, foi o Pajero preto, conduzido por Sérgio Gomes da Silva com o prefeito de Santo André a bordo, o primeiro veículo de luxo a cruzar-lhes o caminho. Para tragédia do bando, havia um político no automóvel.

Os investigadores da polícia afirmam que:

> no final da tarde de 18 de janeiro de 2002, é dado o sinal verde para que a quadrilha ponha-se em ação; Ivan Monstro recebe comunicação de José Edison de que este já se encontrava em seu próprio auto, um Tempra de cor preta, seguindo o comerciante do Ceasa (antigo nome do atual Ceagesp), que dirigia uma pick-up na cor vermelha, veículo este que originalmente deveria ser atacado.

O "TORRO" NÃO SE MATA   87

Diz também o relatório 183/2002 do DHPP: "De alguma forma, até agora inexplicada, o time perseguidor perdeu contato com a pessoa a ser atacada." Inexplicado é, de fato, um bom adjetivo. Nunca houve a perseguição.

Quando negociava uma delação premiada com o Ministério Público para possivelmente diminuir sua futura pena, Itamar chegaria a admitir que a perseguição à picape Dakota jamais acontecera e que se tratava de uma invenção de José Edison combinada na fuga do grupo pela Bahia. John diria o mesmo: não houve caçada a uma picape vermelha naquela noite.

O Grupo de Repressão ao Crime Organizado, o Gaeco de Santo André, comandado pelos promotores Roberto Wider Filho, José Reinaldo Guimarães Carneiro e Amaro José Tomé Filho, nunca acreditou na versão da quadrilha presa. Nem na conclusão da polícia. A esse grupo posteriormente se somariam os promotores Lafaiete Ramos Pires, Francisco Cembranelli e Márcio Augusto Friggi de Carvalho, os dois últimos escalados pelo Ministério Público para conduzir dois dos júris populares.

Para eles, a história não fechava. Não só a disposição do grupo dentro dos carros não batia com os depoimentos dos criminosos como eram contraditórios os relatos do papel e da atuação de cada um dos bandidos durante o arrebatamento do prefeito. Nada fazia sentido.

De acordo com a versão de Itamar, a Blazer estava estacionada junto ao trailer em que sua mãe vendia salgados, na avenida Dr. Ricardo Jafet. A quadrilha estaria ali à espera de seu aviso. A ele caberia — desde outra posição, a bordo do Monza azul de José Erivan, irmão de José Edison — piscar o farol, sinalizando que a Dakota aparecera. Segundo a apuração do Ministério Público, porém, a distância entre a Blazer e o Monza, àquela altura, era de 19 quilômetros, agravados pela existência, no meio do caminho, de semáforos e de todas as barreiras de trânsito típicas de uma cidade como São Paulo — uma operação de incompetência impossível para um bando liderado por um expert em sequestros como Ivan Monstro. Nem a mãe de Itamar acreditou no que dissera o filho, conforme ela mesma afirmaria em depoimento.

Por sua vez, em nenhum momento José Edison declarou que executara a perseguição à Dakota sozinho, o que até justificaria sua versão maluca. Pelo contrário, fora o grupo que estava na Blazer quem retirara o prefeito de Santo André do Pajero.

— Eu nunca vi, em toda a minha experiência, um sequestro em que você deixa o principal carro, os principais autores do crime a 19 quilômetros de distância de onde vai começar a perseguição. Normalmente, os sequestros se dão na saída ou na entrada do local de trabalho, na saída ou na entrada da residência da vítima, que é onde a quadrilha tem o controle da ação — afirmou o promotor Roberto Wider, um dos responsáveis pela investigação.[27]

Com enorme esforço e sem a colaboração de José Edison, o autor da tese segundo a qual a vítima-alvo não era Celso Daniel, a Polícia Civil paulista encontraria uma Dakota vermelha nas redondezas do Ceagesp. Sim, uma Dakota vermelha pertencente a um empresário do Ceagesp.

José Edison foi levado ao local logo depois de preso, mas, estranhamente, recusou-se a descer do carro da Polícia Civil para apontar a vítima que pretendera sequestrar na noite de 18 de janeiro de 2002, em São Paulo. Tampouco disse o motivo da negativa em sair da viatura.

O comerciante Cleiton Calil Menezes, com 34 anos na época do sequestro do prefeito petista, foi localizado e ouvido pelo Departamento de Homicídios e Proteção à Pessoa (DHPP) no dia 15 de agosto daquele ano. Realmente, tinha uma Dakota vermelha. De

---

[27] Depoimento à CPI dos Bingos, do Senado, 30 de setembro de 2005.

O "TORRO" NÃO SE MATA 89

fato, era dono de uma banca no Ceagesp. A trama fez mais sentido ainda quando relatou que costumava dirigir pela rodovia Anchieta às sextas-feiras, com destino à cidade de Santos, no litoral paulista, para se encontrar com a namorada, que morava na Baixada Santista. Parecia, pois, um caso solucionado.

No dia 18 de novembro de 2003, contudo, ao saber do rumo das investigações, o comerciante voltaria ao DHPP.[28] Registrou, então, uma importante informação, pouco divulgada pela imprensa porque a polícia já havia terminado seu trabalho: a Dakota vermelha não deixara a garagem na noite de 18 de janeiro de 2002, de modo que a perseguição descrita pelos bandidos da Pantanal nunca poderia ter ocorrido — não ao automóvel dele.

No fim da tarde daquele dia, Cleiton saiu de casa dirigindo outro carro, um Corsa Sedan, na companhia da mãe e da filha, rumo ao litoral. Seriam, somada a namorada, quatro pessoas, volume incompatível com o número de cintos de segurança da cabine da Dakota. No Corsa Sedan, entretanto, cabiam todos.

Conforme também relatou, ele "pouco trabalhava com dinheiro, sendo a maioria dos negócios satisfeita por meio de títulos de crédito". Ou seja, o empresário não andava com maços de reais nos bolsos.

Em relato à Justiça de Itapecerica da Serra, na primeira instância do caso, em 22 de maio de 2003, o delegado-assistente José Masi afirmou que José Edison dissera mirar o comerciante porque ele carregava maços de dinheiro em espécie nos bolsos. Em abril de 2004, a reportagem do jornal *Folha de S.Paulo* testaria a hipótese. Dizia o texto sobre a possibilidade de o comerciante portar R$ 35 mil, cifra apontada por José Edison: "Seria como alguém ter no mínimo 350 notas de R$ 100 ou setecentas notas de R$ 50 no bolso." Numa feira ao ar livre, no entanto, as pessoas usam notas bem menores. São necessários bolsos muito largos para acomodar

---

[28] GOIS, Chico de. "Comerciante contesta versão de acusados". *Folha de S.Paulo*, 26 abr. 2004.

tanto volume, talvez até uma sacola, ainda que José Edison tivesse errado em pelo menos metade da conta.

Para a Polícia Civil de São Paulo, todavia, a história da Dakota vermelha fechou rapidamente o quebra-cabeça. Segundo os investigadores, Celso Daniel fora pego por acaso em meio à maior onda de sequestros já registrada no país, e terminaria morto porque os criminosos se assustaram com a repercussão do caso nos telejornais.

Apontado como chefe da quadrilha da Pantanal, Ivan Monstro ainda tentaria aproveitar esse desfecho para negar que tivesse determinado a execução do prefeito. Segundo ele, num telefonema efetuado já no sábado, dia 19, a ordem fora para que José Edison libertasse o prefeito.

— Eu mandei soltar, não matar! — disse às autoridades quando preso pelo DEIC.

Bozinho buscaria ajudar o comparsa:

— Doutor, o torro não se mata.

No universo da bandidagem, "torro" é o termo usado para se referir à vítima com potencial para pagar o resgate. Bozinho era claro na exposição da lógica criminosa: sequestrado não se elimina sem antes a exigência de resgate.

Nunca houve pedido de resgate no sequestro de Celso Daniel.

Não fora a primeira vez que os investigadores ouviram o termo durante a tomada de depoimentos. C.W., o menor que roubara a Blazer usada no sequestro, contou aos policiais que Bozinho e Itamar se diziam, pelos cantos da favela, prestes a "enricar", pois receberiam um "torro", ou seja, o pagamento por um sequestro.

O Ministério Público rastreou as chamadas efetuadas pelos integrantes da quadrilha. Não há registro de um contato direto entre os aparelhos usados por Monstro e Zé Edison no pós-sequestro, a partir do momento em que Celso Daniel estaria no cativeiro.

As chamadas trocadas entre eles ocorreram na noite do dia 18 de janeiro, o que, inclusive, lança suspeita sobre se, de fato, ambos estariam a bordo do mesmo carro, o Santana usado no ataque contra o Pajero de Sérgio Sombra, conforme concluíra a polícia com base nos depoimentos dos membros do bando.

A análise dos telefonemas mostra que José Edison, que usava o celular 9448-5868, ligou — no dia do crime — para um número de código de área correspondente ao Paraná, 9109-8903, portado por Ivan Monstro. Há registros de ligações às 22h42, 22h55, 22h57, 23h01, 23h03 e 23h23.

O telefone da antiga operadora de telefonia Vésper, de posse da mãe do bandido Itamar Messias, também armazenou chamadas efetuadas entre o grupo, o que comprova que os criminosos estiveram de fato no trailer em frente ao conjunto habitacional Cingapura, às margens da avenida Ricardo Jafet, próxima aos Três Tombos.

Além de ajudar os promotores a traçarem o trajeto dos bandidos da região dos Três Tombos até a Favela Pantanal, o rastreamento revelou um dado intrigante. Quando ainda estava na cadeia, Dionísio de Aquino Severo, que a polícia, como se verá, descartaria ter atuado no sequestro, usou o telefone 9856-7718 para falar com o celular 9887-4740, linha que pertencia a Josiane Graziela da Silva.

Josiane, por sua vez, possuía uma segunda linha: 9508-7384. Na noite do rapto de Celso Daniel, esse número foi captado, entre 23h45 e 23h47, pela antena CCC SPO 31 ERB 001, que fica na rua Vergueiro — uma via muito próxima do local do sequestro.

Estaria Dionísio rondando o restaurante Rubaiyat e a rota de volta da dupla Sombra e Celso Daniel para o ABC?

Esse número de celular fez ainda contatos com os aparelhos da operadora Nextel de prefixos 7834, 7850 e 7857. Não foi o único. Sérgio Sombra, Klinger Luiz de Oliveira Souza, Sebastião Ramos Pereira,

92 CELSO DANIEL

Ronan Maria Pinto, Ozias Vaz e Fernando Donizete Ulbrich — o Fernandinho, funcionário da Secretaria de Serviços Municipais de Santo André — também telefonaram para os números com esses prefixos.[29]

A respeito, diz o procedimento criminal do Ministério Público:

> Por intermédio do nº 9856-7718, ainda no interior da Penitenciária de Guarulhos, Dionísio estabeleceu contato, dentre outros, com o celular 9887-4740 pertencente a Josiane Graziela da Silva. Em nome desta mesma pessoa encontrava-se registrado o celular 9508-7384, que, na noite do arrebatamento do Prefeito Celso Daniel, por intermédio da CCC SPO 31ERB 001, situada na rua Vergueiro, 9.584 (fls. 75/126, anexo II, vol. 5 — ERB próxima ao local do arrebatamento), entre 23h45min e 23h47min (fls. 111), estabeleceu contatos com os telefones da Nextel de prefixos 7834-0000, 7850-1000 e 7857-0000, os quais também são verificados nos históricos de chamadas dos telefones de Sérgio Gomes da Silva, Klinger Luiz de Oliveira Souza, Fernando Donizete Ulbrich (fls. 129, anexo II, 1º vol.), Sebastião Ramos Pereira, Ronan Maria Pinto (fls. 181/182, anexo II, 1º vol.), Ozias Vaz, conforme informações já destacadas e relacionadas pelo Setor de Investigações Criminais do CAEXCRIM, órgão do Ministério Público, que se seguem a este relatório. Também anexos estão os cadastros fornecidos pela Telesp Celular, confirmando que os números acima encontravam-se, à época, cadastrados em nome da mesma pessoa.

Havia uma teia de linhas telefônicas.

Além da mentira sobre a perseguição à caminhonete, José Edison encontraria também um menor para assumir os disparos que mataram o prefeito na estrada de cascalhos em Juquitiba. L.S. assassinara Celso Daniel.

---

[29] Procedimento administrativo criminal número 01/03 do Gaeco.

O "TORRO" NÃO SE MATA

93

Ele tinha 16 anos na época do homicídio e, como boa parte dos jovens de sua idade, era apaixonado pelo videogame da última geração. José Edison havia furtado um, com o jogo predileto do rapaz. L.S. admitiu o crime. Queria o videogame.

O menor disse ter coberto o rosto da vítima com um gorro, que trazia o símbolo da Associação Portuguesa de Desportos, e a embarcado no porta-malas do carro para sua última viagem.

Em outubro de 2004, mais de dois anos depois do crime, L.S. confidenciaria a uma psicóloga e a duas assistentes sociais da antiga Febem (Fundação Estadual do Bem-Estar do Menor, hoje batizada de Fundação Casa) que fora ameaçado de morte para assumir a autoria do homicídio.

Ele fugiria em meados de 2005. Recapturado em janeiro de 2006, já com 20 anos, a primeira pergunta que ouviu, feita pelo delegado Erasmo Pedroso Filho, foi sobre o assassinato de Celso Daniel. L.S. afirmou então que havia fugido de trás das grades por medo de ser morto. E fez questão de deixar consignado, oficialmente, que não fora o responsável por executar o prefeito.

Os promotores de Santo André lembram que, quando mostraram uma espécie de álbum com diversas fotos — entre elas, a de Celso Daniel —, L.S. não soube apontar o rosto da vítima que supostamente matara.

O Ministério Público também apontou incongruência na forma como ele descreveu ter acertado sucessivos tiros no prefeito, como se fosse um astro de cinema. L.S. teria apanhado a pistola no porta-luvas do carro e, com o rosto encoberto por uma jaqueta, retirado Celso Daniel do porta-malas. Depois, teria ordenado que o político caminhasse sem olhar para trás. Chegou a acompanhá-lo durante alguns metros, mas parou. Com a vítima mais distante, acertou alguns disparos em suas costas, no pescoço e no rosto. A arcada dentária ficaria destruída.

Celso Daniel, porém, tinha quase o dobro do tamanho de L.S., caminhava à sua frente — portanto, era um alvo em movimento — e não havia um feixe de luz na estrada de terra de Juquitiba, porque o próprio José Edison relatou que apagara os faróis do Fiat Tempra.

Os promotores não acreditam que L.S. fosse um exímio atirador.

José Edison fez questão de se livrar logo da pistola Taurus. Segundo ele, a arma usada para disparar os cartuchos encontrados ao redor do corpo de Celso Daniel, ainda que toda aquela cena possa ser uma farsa. A pistola foi trocada por outra, uma Glock, de fabricação austríaca, com um criminoso também fugitivo do sistema penitenciário.

Ligado à facção Primeiro Comando da Capital (PCC), Abraão Venâncio, o Broa, topou o negócio, mas acabou perdendo a arma quando detido por três policiais militares, em 27 de janeiro de 2002, no estacionamento do Shopping Interlagos, na Zona Sul de São Paulo. Numa negociação que durou três horas, os oficiais corruptos descobriram que Broa deveria estar preso e, para liberá-lo, pediram a pistola, R$ 6 mil e ainda a moto do bandido, uma Yamaha XT-600. Broa não pensou duas vezes.

Ouvido pelo DHPP, Sérgio Sombra não conseguiria repetir exatamente as mesmas informações prestadas na delegacia, na noite do sequestro. Havia diferenças nas narrativas sobre como o seu Pajero fora perseguido, metralhado e sofrera panes no câmbio e no sistema de travamento das portas.

Àquela altura, os policiais tinham em mãos um laudo elaborado pelo Instituto de Criminalística de São Paulo. A pedido do superintendente da Polícia Científica, Celso Perioli, o perito Valdir Florenzo realizara, nas semanas seguintes ao sequestro, um exame minucioso no carro. Ele afirmou que o automóvel "não apresentava danos de impacto de grande natureza em seu flanco esquerdo, a ponto de provocar deformações da chapa" e, do lado direito, "era possível observar marcas de esfregadura". As palavras do técnico não batiam com a batalha nas ruas dos Três Tombos descrita por Sérgio Sombra para tentar escapar dos sequestradores de Celso Daniel.

Florenzo também se manifestou sobre outros três pontos: 1) o sistema de travamento elétrico das portas, que segundo Sombra entrara em colapso, "atuava com eficiência, não sendo constatada qualquer irregularidade de funcionamento" durante o exame; 2) usando um aparelho desenvolvido pela Mitsubishi, "foi possível verificar eletronicamente o funcionamento do câmbio automático", que operava em quatro velocidades; também deveria ser descartada uma manobra acidental pelo motorista porque, "para deixar o câmbio sem tração, vários passos devem ser realizados"; e 3) o pneu traseiro direito, "embora tenha sofrido danos que o fizeram perder a pressão, não apresentava indícios de ter sido submetido a esforço de tração".

Dois anos depois, quando o processo chegou à Justiça, um segundo documento também descartaria a pane mecânica. O laudo foi redigido a pedido do juiz Luiz Fernando Migliori Prestes, da Vara de Itapecerica da Serra, em 3 de junho de 2004, e leva a assinatura de José Roberto do Rego, diretor de pós-vendas da MMC Automotores Ltda., mais conhecida como a fabricante Mitsubishi Motors. No documento, a empresa diz que testou três hipóteses sobre falhas na transmissão automática, no acionamento dos freios e até fez simulações de toque involuntário na alavanca do câmbio. A Mitsubishi concluiu que nada fazia sentido.

Além do embaraço para tentar explicar os problemas com o carro e como ocorrera o cerco dos sequestradores, Sérgio Sombra escorregou em um detalhe crucial quando interrogado pelo DHPP: informou que, na noite do jantar no Rubaiyat, o prefeito usava uma calça de cor bege.

Começava ali um embaraço difícil de explicar, já que Celso Daniel, quando achado morto, vestia calça jeans da marca Levi's. Ivone Santana, a namorada do prefeito, reconheceu que a roupa, de fato, pertencia a ele. Estaria Sombra enganado quanto à cor da calça do homem com quem estivera por mais de quatro horas? Ou seria mesmo bege a peça? Neste caso, teria alguém entregue aos sequestradores um jeans da própria vítima, comprado numa viagem a Nova Orleans, nos Estados Unidos, em junho de 2001? Outra hipótese é de que alguém tivesse mentido e confundido tudo.

Não foi só a cor da calça a desafiar o faro dos investigadores. Outra peça de roupa também provocaria enorme desconfiança: a cueca. Segundo o laudo do Instituto Médico-Legal, a roupa íntima do cadáver de número 320 "não apresentava sinais de uso, ou seja, examinada a olho nu e contra a luz indicou a ausência de secreções, comum no uso por horas". Os peritos descrevem que o "tempo de agonia foi de minutos" até ele morrer. Duas linhas de apuração, portanto, seriam abertas: ou os sequestradores obrigaram o prefeito a permanecer nu no cativeiro, ou as vestes foram substituídas por outras, retiradas do próprio guarda-roupa da vítima.

Um documento reservado da polícia, assinado pelo delegado Fernando Shimidt de Paula, afirma taxativamente que as equipes que examinaram as fitas do circuito interno do restaurante concluíram que o prefeito usava calça bege e camisa azul de mangas curtas na noite do sequestro. Mais tarde, contudo, os investigadores que assumiram o caso afirmariam que se tratava de uma distorção das câmeras, que não captavam bem imagens coloridas. A hipótese da troca de roupas no cativeiro não prosperou no inquérito policial.

A possibilidade de que as roupas tivessem sido trocadas ganharia força quando os repórteres Camila Tavares Francisco e Cleber Juliano Ferrette, da Rádio ABC, de plantão na portaria do prédio de Celso Daniel, relataram ter visto o secretário municipal Klinger Luiz de Oliveira Souza e uma mulher entrarem no edifício depois do sequestro.

Oficialmente, Ivone Santana, a namorada do prefeito, assumiu ter ido ao local. Segundo ela, para checar a fita da secretária eletrônica em busca de mensagens de Celso Daniel. Mas a repórter, inclusive em depoimento à polícia, sustentou que conhecia Ivone de diversas coberturas jornalísticas na cidade de Santo André e que, seguramente, não fora ela a acompanhante de Klinger.

Uma pergunta ficaria no ar: por que Klinger teria uma chave e o acesso livre à residência do prefeito se todos os porteiros informaram que ele não recebia visitas com regularidade?

Ouvida pela polícia, Ivone afirmou que somente ela e a faxineira, Rita Lima dos Santos Starcharvski, mineira de Turmalina, tinham cópias das chaves. O depoimento da empregada, que frequentava o imóvel havia dois anos, sempre nas manhãs de quarta-feira, também chacoalharia o caso. Segundo ela, certa vez se deparara com maços de dinheiro acomodados em sacolas plásticas na lavanderia, recobertas por um lençol.

Ivone revoltou-se com a informação e disse que a faxineira era uma mera diarista e que não deveria ser levada a sério.

Em novembro de 2005, convocado pelos senadores da CPI dos Bingos a prestar um depoimento, Sombra disse que havia errado ao dizer que Celso Daniel usava calça bege e reconheceu também que o único retrato falado que fizera dos bandidos, na noite do sequestro, estava malfeito.

— Não presto atenção na roupa. Eu não sei por que na hora do depoimento eu pensei... Talvez ele tivesse, em outra oportunidade, ido com a calça... Normalmente, ele usava jeans. Talvez isso na hora... Não sei por quê.

Os congressistas o criticaram e ele encerrou:

— Se a minha história parece estranha, confusa e faltando coisas, é a verdade que eu tenho.

Após longa espera, seis dos sete acusados pelo Ministério Público foram julgados, condenados e estão presos. Sérgio Sombra, a exceção, passaria apenas sete meses detido.

O primeiro a sentar no banco dos réus foi Marquinhos. No dia 18 de novembro de 2010, o júri composto por cinco homens e duas mulheres o condenaria a dezoito anos de reclusão em regime fechado. Na época, foragido da Justiça, foi julgado à revelia. Seria capturado 22 dias depois do júri. Estava em sua casa, em Diadema.

Em 2012, Ivan Monstro foi condenado a 24 anos, José Edison, a vinte, e Bozinho, a dezoito. Os três estão na Penitenciária de Presidente Venceslau II.

Itamar, sentenciado a vinte anos de prisão também em 2012, conseguiu a progressão de regime dois anos depois — já estava encarcerado havia dez. Foi preso em flagrante durante um roubo, em 2015, e voltou para a prisão. Está na Penitenciária de Tupi Paulista.

O imprevisível John também escaparia da prisão depois de ser condenado a 22 anos. Havia acabado de ser transferido da Penitenciária de Flórida Paulista, a cerca de 600 quilômetros da capital, para o Centro de Prisão Provisória de Pacaembu, uma cidade vizinha. Passaria mais de um ano vivendo nas ruelas do Jardim Miriam, perto da favela Pantanal, de agosto de 2010 até ser recapturado, em novembro de 2011. Usava documentos falsos.

John, aliás, quase mudou o curso da investigação da morte de Celso Daniel ao enviar, em 12 de agosto de 2005, uma carta, de próprio punho, ao advogado Roberto Podval, que defende Sérgio Sombra. Na época, negociava um acordo de delação premiada com o Ministério Público, o que não prosperou.

O "TORRO" NÃO SE MATA

No texto, cobrava o pagamento de 1 milhão de reais pelo assassinato do político. "Sombra, você nos contratou para pegar o prefeito Celso Daniel, para arrancar os documentos que estavam com ele e, depois, eliminar o mesmo. Nós fizemos o que você mandou", escreveu o bandido.

A carta foi remetida imediatamente à Justiça de Itapecerica da Serra, que então convocou John a prestar esclarecimentos. Ele confirmou as informações ao juiz em setembro daquele ano, mas, dois meses depois, quando os senadores da CPI dos Bingos colocaram a quadrilha da favela Pantanal diante de Sérgio Sombra, numa acareação realizada na sede do Ministério Público de São Paulo, recuaria:

— Confesso que menti para o juiz. Eu escrevi a carta tentando extorquir ele. Isso não tem nada a ver com crime político, foi um crime comum. O rapaz não tem nada a ver com isso.

11 | Mortes misteriosas

A polícia dava o sequestro e o assassinato do prefeito como equacionados. Nos últimos catorze anos, no entanto, uma série de mortes faria com que o caso Celso Daniel — repisado em diversas frentes de investigação — se convertesse num roteiro de cinema.

Um personagem que atiça a mística é o garçom do restaurante Rubaiyat, o jovem que serviu à mesa o prefeito na noite do arrebatamento, Antônio Palácio de Oliveira. Quando foi morto, pilotava sua moto Honda CBX 250, placa DGS 6430, pela avenida Águia de Haia, na periferia leste paulistana — era 1h40 do dia 8 de fevereiro de 2003. Ao se notar perseguido por dois homens a bordo de uma moto Yamaha Ténéré branca, ele acelerou, mas acabou alcançado poucos metros depois. Como resistiu à ordem para que estacionasse imediatamente, foi golpeado com um chute e arremessado contra um poste. Morreu na hora.

O serviço de resgate foi acionado por Paulo Henrique da Rocha Brito, que assistiu à cena desde a portaria do Edifício Esmeraldas, localizado no número 2.100 daquela avenida. No bolso da vítima, um bombeiro encontrou um documento de identificação em nome de Ivam Ferreira Lima. Num primeiro momento, portanto, era

Ivam quem tinha morrido — o que poderia ter causado grande problema.

A confusão só não foi pior porque o telefone celular que Antônio carregava tocou, logo atendido por um oficial do Corpo de Bombeiros. Do outro lado da linha estava a mulher do garçom, Petrúcia Pereira da Silva, então informada do acidente e que, cardíaca, teve de ser levada ao hospital pela tia do marido, Maria Mariano Costa.

Coube à prima Maria Carlos Silva reconhecer a vítima. Segundo ela, o documento achado pela equipe de resgate fora falsificado pelo próprio garçom: ele ainda tentava legalizar a compra da moto que guiava. O verdadeiro RG, em seu nome, estava numa pochete atada à cintura.

A tia de Antônio quase complicaria tudo ao dizer à polícia que a prima Maria Carlos, na verdade, não era uma legítima familiar, mas a amante de Petrúcia. Os agentes, porém, não apurariam essa trama folhetinesca.

Foi no 64º Distrito Policial de Cidade A. E. Carvalho, bairro onde o acidente ocorreu, que o policial militar Edvan José dos Santos, responsável por atender ao chamado do Copom, registrou informação muito instigante.

Segundo ele, Maria Carlos contou que Antônio trabalhava no restaurante Rubaiyat havia nove anos, de terça a domingo, das 19h até o último cliente, e que fora o responsável por atender a mesa na qual jantaram Celso Daniel e Sérgio Sombra. O garçom, de acordo com ela, alardeava que teria escutado o teor da conversa entre os dois naquela noite — o que, ouvido quando da morte do prefeito, não contara à polícia.

Além disso, familiares relataram que Antônio recebera um estranho depósito de R$ 60 mil em sua conta. Mais tarde, nos

MORTES MISTERIOSAS

depoimentos de parentes, surgiria a versão de que o dinheiro fora fruto de rescisão trabalhista e seguro de vida.

A polícia lavrou um boletim de ocorrência por tentativa de latrocínio, ou seja: Antônio foi morto porque dois criminosos tentaram, sem sucesso, roubar-lhe a moto.

Ele, aliás, fora assunto de um diálogo, gravado pela Polícia Federal, entre Sérgio Sombra e o secretário Klinger, logo após o assassinato do prefeito — uma série de escutas que deveriam ter sido destruídas a mando da Justiça e de que este livro tratará detalhadamente adiante.

> **Klinger:** Você se lembra se o garçom que te serviu lá no dia do jantar é o que servia sempre ou era um cara diferente?
> **Sombra:** Era o cara de costume.
> **Klinger:** Você estava naquela mesa lá do canto?
> **Sombra:** Era.

Paulo Henrique da Rocha Brito foi a única testemunha ocular da morte de Antônio. A polícia, porém, não conseguiria ouvi-lo a tempo, morto vinte dias depois, com um tiro pelas costas, segundo informou a viúva, Renata Godoi Barbosa Brito. Tudo o que se sabe é que seu assassino fugiu numa moto azul. A suspeita recaiu sobre dois menores, conforme conclusão policial.

O crime teria sido motivado por vingança, algo relacionado à conduta de menores infratores dentro da Febem, onde a vítima trabalhava — o que nunca foi apurado.

O jovem Iran Rédua, funcionário da empresa Serviço Funerário da Serra, que recolheu o corpo de Celso Daniel em Juquitiba e foi o primeiro a reconhecer o rosto do político, acabaria morto, a tiros, no dia 23 de dezembro de 2003, quando saía de uma loja no bairro de Santo Amaro, na Zona Sul da capital. Um amigo viu a cena e reconheceu o assassino, que, no entanto, permaneceria foragido por mais de dois anos.

No dia 21 de fevereiro de 2006, mais de quatro anos depois da morte de Celso Daniel, o delegado Armando de Oliveira Costa Filho convocou jornalistas para uma entrevista na sede do DHPP, na rua Brigadeiro Tobias, no centro de São Paulo, a fim de apresentar o preso Alexandre de Almeida Moraes, de 26 anos, responsável pela morte de Iran. E fez um anúncio:

— Definitivamente, não há nenhuma relação entre esse crime e o assassinato do prefeito de Santo André.[30]

Segundo o delegado, ao confessar a autoria dos disparos, Alexandre disse que a ordem partira de seu patrão, Fábio Hervelha Schunck, dono de uma funerária concorrente em Embu-Guaçu. O mandante foi preso também. Para a polícia, Iran fora executado numa disputa por território comercial.

A morte do legista Carlos Delmonte Printes contribuiria decisivamente para a aura de mistério que paira sobre o cadáver do petista. O médico foi encontrado estatelado, na tarde de uma quarta-feira, dia 12 de outubro de 2005, em seu escritório. Tinha 55 anos.

Delmonte, como era conhecido, assinou o laudo que aponta evidências de tortura no corpo de Celso Daniel. As marcas de suplício e agonia seriam usadas pela promotoria para sustentar que o bando que protagonizou o sequestro tentara tirar do prefeito alguma informação antes de executá-lo. Uma das hipóteses aventadas pelos promotores era a de que Celso Daniel detivesse senhas e papéis relativos à conta-

---

[30] Boletim da Secretaria de Segurança Pública do Estado de São Paulo. Disponível em: <http://www.ssp.sp.gov.br/noticia/lenoticia.aspx?id=11601>.

MORTES MISTERIOSAS

bilidade de *offshores* montados pelo Partido dos Trabalhadores para juntar recursos ilícitos a fim de custear a campanha de Luiz Inácio Lula da Silva à Presidência da República em 2002. Para a polícia, porém, nunca houve tortura.

Com histórico de ter assinado 20 mil autópsias ao longo de 21 anos de carreira, Delmonte afirmou que Celso Daniel tinha uma lesão próxima ao ouvido esquerdo; sofrera um forte golpe na cabeça, provavelmente causado pelo cabo de uma pistola, uma coronhada, na linguagem policial; apresentava uma marca de cano quente nas costas; e fora atingido por estilhaços de balas disparadas contra o chão, perto de seu corpo, com o objetivo de assustá-lo. Segundo o legista, isso se chama tortura.

O prefeito levou um tiro no rosto, o que provocou a destruição de toda a arcada dentária inferior, e só depois foi alvejado em outras partes, o que desconstrói o roteiro narrado pelo menor L.S., que assumira a autoria do assassinato. No exame necroscópico, datado de 24 de fevereiro de 2002, Delmonte registrou que o prefeito apresentava "face de terror e espasmo cadavérico em mãos".

— A morte foi precedida de agonia de minutos — escreveu.

Quando encontrado sem vida, em seu escritório, no bairro da Vila Mariana, na Zona Sul, o legista estava caído ao lado de um sofá que servia de cama nas ocasiões em que varava a noite trabalhando. Como não havia marcas sugerindo que o local fora invadido, nem sinais de violência física contra ele, a principal tese, inicialmente, consistiu em que sofrera um infarto fulminante. O único dado foi notado na necropsia: o índice de glicemia muito baixo, o que, isoladamente, pouco significava àquela altura.

O primeiro laudo do Instituto Médico-Legal, divulgado no dia 22 de dezembro de 2005, informou que não era possível concluir se Delmonte se envenenara ou fora envenenado, e que ele morrera

106 CELSO DANIEL

sufocado por uma secreção formada na garganta após a ingestão de medicamentos. Em março de 2006, o órgão produziria um parecer complementar, segundo o qual o legista não resistiu porque ingerira três medicamentos ao mesmo tempo: o sedativo Dormonid, o beta-bloqueador propanol e lidocaína. Os investigadores argumentaram que, como era judeu, o legista poderia ter tentado disfarçar o suicídio — para não ser sepultado como suicida — com um coquetel de remédios que fizesse parecer se tratar de morte natural.

— Ele não tinha necessidade de tomar aqueles medicamentos. Sendo médico, sabia dos riscos de ingeri-los simultaneamente — afirmou na época o diretor do Centro de Pesquisas do IML, Ricardo Kirche Cristofi.[31]

Durante a apresentação do laudo, o delegado José Antônio Nascimento, do DHPP, disse ter interrogado familiares do legista, segundo os quais Delmonte era avesso a remédios.

A polícia concluiu a investigação e apontou suicídio. Segundo os delegados, Delmonte estava deprimido pelo rompimento com a mulher, Luciana Plumari, por quem era apaixonado. Num telefonema à sogra, disse não saber como reinventar sua vida sem ela.

O relatório sobre a morte tem 763 folhas, distribuídas em quatro grandes volumes. A polícia ouviu 26 pessoas e analisou 230 páginas com as transcrições dos telefonemas do legista. O último a conversar com ele foi o filho Guilherme Capelozzi Delmonte, de seu primeiro casamento, com Vera Luiza Capelozzi. De acordo com Guilherme, na ocasião o pai lhe informara que buscaria um pedreiro na região de Embu-Guaçu.[32]

Para a polícia, uma das provas de que se tratara de suicídio foi uma transferência bancária, efetuada pelo legista dois dias antes de

---

[31] "Laudo confirma suicídio de legista do caso Celso Daniel". Folha Online, 17 mar. 2006. Disponível em: <http://www1.folha.uol.com.br/folha/brasil/ult96u76700.shtml>.

[32] MACEDO, Fausto. "Para família, legista foi vítima de 'alguma coisa muito grave'". *O Estado de S. Paulo*, 20 out. 2005.

MORTES MISTERIOSAS

morrer, para a ex-mulher, no valor de R$ 100 mil. Quando ela notou o dinheiro na conta e questionou Delmonte a respeito, ele disse que o montante deveria ser usado para custear o tratamento médico de um dos filhos.[33] O legista era pai também de Samuel.

Os policiais informaram que Delmonte deixara duas cartas de despedida. Numa, endereçada ao filho Guilherme e achada no próprio escritório na Vila Mariana, diz que não queria velório e que desejava ter o corpo cremado. Na outra, entregue a Luciana, que a repassou aos policiais, pede também pela cremação e manifesta a vontade de que suas cinzas fossem depositadas ao lado do túmulo do pai dela, o bicheiro Francisco Plumari Júnior, conhecido como Chico Ronda.

Fundador da escola de samba Império da Casa Verde, ele fora fuzilado dois anos antes numa disputa de contraventores pelo mercado clandestino de máquinas caça-níqueis.

Otávio Mercier tinha 43 anos e atuava, havia 23, como investigador do Departamento de Narcóticos (Denarc) quando morreu num tiroteio na alameda Joaquim Eugênio de Lima, na região dos Jardins, em São Paulo, em 5 de julho de 2003.

Acompanhado pela esposa, chegava de uma festa quando se deparou com um grupo à sua espera na portaria do Edifício Montes Claros, na alameda Santos, onde morava. Os homens vestiam coletes similares aos da Polícia Federal. Mercier estacionou seu moderno Audi — carro incompatível com sua carreira profissional — em frente ao prédio e iniciou um diálogo com os falsos agentes. Foi rendido por eles, levado a seu apartamento e amarrado junto com a mulher e o porteiro. Os bandidos exigiam que entregasse drogas e dólares, e fugiram levando uma maleta de trabalho.

---

[33] Boletim da Secretaria de Segurança Pública do Estado de São Paulo. Disponível em: <http://www.ssp.sp.gov.br/noticia/lenoticia.aspx?id=11214>.

A esse respeito, o então diretor do Denarc, Ivaney Cayres de Souza, afirmou que o investigador tentava se disfarçar de traficante, para prender um bando, e que provavelmente conhecia um dos algozes.

— Ele deve ter sido seguido por alguma quadrilha com a qual negociava drogas. Os caras, de repente, nem eram traficantes, mas sim ladrões.[34]

Logo após a fuga dos criminosos, Mercier conseguiu se desamarrar rapidamente e, armado, saiu em busca do grupo. Na tentativa de capturar o bando, foi baleado no peito e no rosto. O socorro, ágil, ainda o fez chegar com vida ao Hospital das Clínicas, mas ele não resistiu.

A ligação de Otávio Mercier com o assassinato de Celso Daniel remete a um dos mais controversos capítulos das investigações, episódio que provocou uma queda de braço sem precedentes entre o DHPP e o Ministério Público, e que ampliou a rivalidade interna na própria Polícia Civil de São Paulo.

Em janeiro de 2002, pouco antes do assassinato do prefeito de Santo André, Mercier trocou telefonemas com um detento, encarcerado num presídio de Guarulhos, cujo nome até hoje provoca faíscas entre promotores, delegados e advogados dos réus do homicídio do político petista. Trata-se de Dionísio de Aquino Severo.

Para os promotores e para os primeiros delegados que se debruçaram sobre o caso, Dionísio é a chave do sequestro de Celso Daniel.

---

[34] "Policial do Denarc é assassinado na Zona Oeste de São Paulo". *Agora S. Paulo*, 6 jul. 2003.

Parte 2

1 | Uma fuga espetacular

Guarulhos, 17 de janeiro de 2002. Um dia antes do sequestro de Celso Daniel.

Era horário de almoço na Penitenciária José Parada Neto, às margens da rodovia Presidente Dutra, no município de Guarulhos, quando um helicóptero, num rasante barulhento, mergulhou entre os varais improvisados pelos detentos para realizar a mais cinematográfica fuga já registrada no sistema carcerário do estado de São Paulo.

Dois presos subiram na aeronave — um Esquilo prateado, prefixo PT-HNU — e escaparam do quadrilátero farpado. A ação durou menos de quatro minutos.

Desde setembro de 2000, a Táxi Aéreo Paradela, empresa proprietária do helicóptero, operava no Campo de Marte, um pequeno aeroporto ladeado por uma base da Aeronáutica, na Zona Norte da cidade de São Paulo. Foi de lá que a aeronave partiu.

Por causa do vento e da dificuldade imposta ao pouso pelo terreno murado, o helicóptero quase tombou dentro do presídio. Graças, porém, à habilidade do piloto, o aparelho foi estabilizado e conseguiu aterrissar no chamado Raio I, sobre uma quadra de futebol com dimensões de 40 × 25 metros, demarcada a partir de duas traves enferrujadas e já sem redes, onde alguns presos haviam iniciado a pelada diária durante o banho de sol.

Com as hélices em rotação nervosa, o assaltante de bancos Dionísio de Aquino Severo, de 37 anos, embarcou no Esquilo como o ator do filme que sempre sonhara estrelar. Antes de se ajeitar no assento, reclamou do atraso de mais de uma hora na operação, mas demonstrou extrema desenvoltura, característica que fazia dele um dos mais articulados dirigentes da facção CRBC, o Comando Revolucionário Brasileiro da Criminalidade[35].

O segundo a subir foi Aílton Alves Feitosa, de 39 anos, que desde cedo trocara a vida de serralheiro pela facilidade do crime. No mundo da bandidagem, era um conhecido justiceiro, um matador de aluguel. No presídio, era vizinho de cela de Dionísio.

Quando percebeu que uma aeronave se aproximava, Feitosa teve, num estalo, a noção do real significado do que um sorridente Dionísio falara minutos antes:

— Mano, hoje o dia está propício pra voar!

Uma fuga espetacular estava em curso. Feitosa, entretanto, não fazia parte do plano. Outro detento, Jefferson Bandeira da Costa, apelidado de Dentinho, que auxiliara na montagem da operação, era quem deveria escapar. Mas desistiu, pouco antes, com medo de ser metralhado. Feitosa, então, não teve dúvidas ao gritar, enquanto o "filme" já acontecia:

— Dentinho não quer ir! Me leva!

Por muito pouco, porém, não ficou para trás. A aeronave já levantara voo, estava a 2 metros do solo, quando Dionísio ordenou

---

[35] No final da década de 1990, o CRBC concentrava suas forças nas celas de José Parada Neto e tentava impor-se como oposição ao PCC na disputa pelo controle dos presídios paulistas. A carceragem de Guarulhos era um dos principais quartéis do CRBC, senão o maior.

UMA FUGA ESPETACULAR

ao piloto que voltasse. Feitosa saiu em disparada pelo pátio, tentou subir pelo lado errado do helicóptero e acabou embarcando quase de bruços. Não tinha ideia sobre onde se metia.

Na época do resgate, Dionísio acumulava 63 anos em condenações por dois sequestros, três assaltos a bancos, porte ilegal de arma e tentativa de homicídio. Chegara à unidade prisional de Guarulhos havia cinco meses, após cumprir pena na pequena cidade de Itirapina, de 17 mil habitantes, na região de Rio Claro, no interior paulista.

Feitosa fora sentenciado a dezoito anos de reclusão por homicídio e a dez por atentado violento ao pudor. Acumulava também algumas mortes dentro e fora das grades — delitos, na época, ainda em apuração, mas cujas condenações futuras inevitavelmente resultariam num fim de vida na cadeia. Estava em Guarulhos havia menos de dois anos e conhecera Dionísio num corredor da carceragem. Conforme a avaliação da administração da penitenciária, os dois tinham bom comportamento. Nos pavilhões do presídio, eram calmos e ordeiros.

No momento da fuga, quatro policiais patrulhavam o local. Ocorria, então, a troca da guarda. Há informações desencontradas sobre se, de fato, alguém disparou do alto das torres. De qualquer forma, os bandidos, armados, não revidaram.[36] Quando resolveu contar ao Ministério Público que Dionísio estava envolvido no sequestro de Celso Daniel, Feitosa disse, em depoimento, que a muralha do presídio fora comprada por R$ 150 mil.

— Os fuzis estavam entupidos — afirmou, debochado.

*

---

[36] SILVA, Alessandro. "Quadrilha sequestra helicóptero e resgata 2 de presídio em Guarulhos". *Folha de S.Paulo*, 18 jan. 2002.

O helicóptero era pilotado por Odailton de Oliveira Silva, de 52 anos, chamado de Dato pelos colegas do Campo de Marte. Decolara às 12h52 daquela quinta-feira levando dois jovens que haviam comprado um voo panorâmico, em dinheiro vivo, no guichê da empresa. Bem-vestida, a dupla fingira ser um casal homossexual e pedira ao piloto que sobrevoasse o Internacional Shopping Guarulhos. O passeio seria um presente pelo aniversário de namoro.

Três minutos depois de sair do solo, sacaram as armas e orde-naram que o helicóptero baixasse no presídio de Guarulhos. A bordo estavam o menor R.T., de 17 anos, filho do primeiro casamento de Dionísio, e Cleilson Gomes de Souza, de 19, o fan-farrão Bola.

Dionísio queria sair da cadeia voando. Lembrava-se da fuga de José Carlos dos Reis Encina, o Escadinha, chefe da antiga Falange Vermelha, que escapara do presídio de Ilha Grande, no Rio de Janeiro, de helicóptero, em 1985.

Dentinho, o detento que, com medo, afinal não embarcaria, topou ajudá-lo:

— Do que você precisa?

— De um menor para não pegar nada — respondeu Dionísio.

Dentinho indicou um habilidoso ladrão juvenil, L.O. Dionísio chegaria a pagar um voo-teste para que o rapaz ensaiasse a ação, isso enquanto estudava a rotina dos policiais na muralha. L.O., porém, nunca pôde dar seguimento à empreitada, pois seria preso antes.

O imprevisto fez com que Dionísio levantasse mais dinheiro — tinha muitas conexões para tanto — e colocasse sua amante, Gisele de Lena, na operação. Ela morava num flat da badalada rua Frei Caneca, no bairro da Consolação, perto da avenida Paulista.

O endereço, aliás, aparece num documento da Secretaria de Se-gurança Pública, emitido exatamente às 19h55 do dia 10 de abril de

UMA FUGA ESPETACULAR 115

2002, como "local de trabalho" de Dionísio.[37] Sempre que se encontravam nas visitas íntimas de José Parada Neto, Gisele se mostrava disposta ao impossível para tirar o amante da prisão. Ela sonhava em começar uma vida a dois num canto qualquer escondido do país. Sabia que ele era casado, mas tinha esperança.

A entrega do dinheiro para a fuga ocorreu durante uma visita de Gisele à Penitenciária de Guarulhos, no final de 2001. Com o pacote na mão, a missão dela consistia apenas em fazê-lo chegar a Bola, então o novo designado para executar o plano. Daria errado mais uma vez, no entanto. Apesar da paixão desenfreada por Dionísio, a amante Gisele torrou ao lado de Bola, toda a grana em festas regadas a bebida e cocaína no movimentado apartamento da rua Frei Caneca.

Arrependido, ele se comprometeu a roubar um bingo para recuperar o dinheiro, mas foi abordado pela polícia a caminho do assalto, o que fez com que a ação fosse cancelada. A encrenca, porém, era leve: Bola só não portava os documentos do carro e foi liberado horas depois, na delegacia.

A fuga de Dionísio só aconteceria pelo inesperado auxílio de seu filho, que decidira se afastar da mãe, Mirian, para seguir os passos do pai no mundo do crime. Numa visita, em janeiro de 2002, logo depois da virada do ano, R.T. informou a Dionísio que encontrara uma maneira de finalmente tirá-lo da cadeia — voando. Pediu R$ 700 e prometeu telefonar — o pai tinha um celular dentro do presídio — para agendar a data Dionísio não levou a conversa a sério, mas fez o dinheiro chegar até o filho. O pacote foi entregue na porta de um bar na estrada do Campo Limpo, na Zona Sul paulistana.

---

[37] Inquérito policial da morte de Dionísio Aquino Severo.

Mais uma vez, Bola seria o comparsa, agora mediante a promessa de que ganharia a casa número 55 da avenida Jussara, em Mongaguá, no litoral sul de São Paulo, onde planejava fazer uma enorme festa no carnaval.

Dionísio só descobriu que o próprio filho executaria a operação horas antes de subir no helicóptero em Guarulhos. Na manhã de 17 de janeiro, recebera uma mensagem de texto com a senha para a fuga: "Código Vermelho."

Quando o Esquilo prateado pousou, quase de lado, já com a porta aberta, no círculo central da quadra de futebol do José Parada Neto, Dionísio viu sua fantasia tornar-se realidade. Entrou no helicóptero e ordenou:

— Eu estou no comando!

Com ar triunfante, ajeitou-se no banco traseiro, ao lado de Bola e Feitosa, mas, minutos depois, fez questão de trocar de lugar com o filho, em pleno voo, como quem muda de assento num ônibus qualquer, para ditar as coordenadas desde a frente.

Dionísio tinha adoração por aeronaves. Fizera um curso de monomotor na Praia Grande, no litoral paulista, e tirara licença para voar em Campo Grande (MS). Chegou a tomar aulas no Aeroporto de Congonhas. Quando disse que estava no comando, o piloto não imaginou que ele, literalmente, guiaria o Esquilo por três minutos. Mas assim foi. O fugitivo tomou o manche, checou o rádio transmissor e os instrumentos básicos, e fez uma rápida manobra. Tinha em mãos um mapa transversal de rotas aéreas para chegar até Embu.

Dionísio estava no céu. E a carceragem já era passado. Dali em diante, seu único temor era escapar da patrulha do Águia da Polícia Militar na região da rodovia Anhanguera, que liga a capital ao interior do estado.

UMA FUGA ESPETACULAR

O helicóptero contornou o pico do Jaraguá e aterrissou em um campo de futebol de terra batida no bairro de Santa Teresa, na periferia de Embu, na Grande São Paulo, município onde vivia sua família e onde ele mesmo possuía um modesto sítio. O local era o "plano C" de Dionísio, que avistou viaturas da Polícia Militar nas redondezas dos dois terrenos onde anteriormente pretendia pousar.

Em solo, o criminoso arrancou os fones do radiotransmissor, tomou o celular do piloto e certificou-se de que a bateria da aeronave estava arriada — uma garantia de que não decolaria imediatamente.

Nervoso e desorientado, Odailton declarou aos policiais ter abandonado a aeronave e tomado um táxi até o Campo de Marte, de onde comunicou o que ocorrera à polícia. Investigado, jamais surgiu um único indício de que pudesse ter colaborado com os criminosos.

Uma vez no chão, o bando tinha pressa em se afastar do local do pouso. Dionísio e os demais passaram em disparada pela avenida Rotary, em Embu. Ele tinha R$ 10 no bolso, entrou numa feira livre e tomou um táxi com Feitosa. Quando a corrida alcançou o valor, pediu para descer sem truculência. Pagou o taxista e seguiu a galope. A dupla estava perto da casa da manicure Gildete Souza de Aquino, a Tia Dete, a quem, meses atrás, pedira dinheiro, sem sucesso, para sair da cadeia.

Como a moradora não estava, quem abriu a porta foi a prima mais nova de Dionísio, J., de 16 anos, que, assim como suas duas irmãs, Lidiane e Regina, com 19 e 21 anos, respectivamente, ficou nervosa ao rever o parente. As três ouviram muita coisa. Dionísio pediu o telefone fixo e conversou por tanto tempo que a família de Gildete não conseguiria pagar a conta naquele mês. Só as chamadas dele custaram mais de R$ 100.

Com o que escutaram sem querer, elas forneceriam pistas aos investigadores. Regina, por exemplo, informou ter ouvido Dionísio pronunciar um termo ao telefone: "Três Tombos." Lidiane, um código recorrente: "CD." São as iniciais de Celso Daniel, mas a polícia nunca levaria essa informação para além do campo da coincidência.

A dupla ficaria no local por duas horas e meia, até que Sandra dos Anjos, esposa de Dionísio, buscasse-os num Fiat Uno vermelho. Suado, simulou às primas que acabara de sair de uma partida de futebol e ordenou que o encardido Feitosa tomasse um banho. Elas ficaram em dúvida sobre se ele havia sido libertado ou fugido da prisão, mas acharam melhor não perguntar.

Enquanto esperava e dava telefonemas cifrados, pediu que as jovens usassem as tinturas do salão de beleza no qual a tia trabalhava para descolorir seu cabelo. Queria uma tonalidade escura. Feitosa optou pelo acaju. E foi ali que ouviu Dionísio dizer ao telefone que pegaria um "peixe grande".

Quando Dionísio anunciou sua despedida, na tarde de 17 de janeiro, Feitosa mais de uma vez pediu para participar do crime que seria praticado. Dessa vez, contudo, seria deixado para trás.

— Para aquilo que vamos fazer já temos dez pessoas — disse-lhe o comparsa.

Ao fundo, os telejornais relatavam um inacreditável resgate ocorrido na Penitenciária de Guarulhos. Dionísio pediu que as primas aumentassem o volume da TV, abriu um largo sorriso e cutucou Feitosa:

— Mano, foi de cinema!

2 | A captura

Em janeiro de 2002, as investigações do episódio inacreditável ocorrido no presídio em Guarulhos e do assassinato do prefeito Celso Augusto Daniel chegaram simultaneamente à mesa do delegado-chefe da Seccional de Taboão da Serra, Romeu Tuma Junior. "Dois raios caíram no mesmo lugar", escreveu em seu livro *Assassinato de reputações: um crime de Estado*.[38]

O helicóptero que retirou Dionísio de Aquino Severo da Penitenciária de Guarulhos pousou em Embu, jurisdição da seccional dele, e o cadáver do prefeito foi localizado em Itapecerica da Serra, também sua área de atuação.

O delegado seria responsável pela apuração do primeiro crime, mas não do segundo, transferida para o DHPP tamanha a notoriedade da vítima. Tuma Junior, contudo, sempre acreditou que os dois casos estivessem associados.

*

---

[38] TUMA JUNIOR, Romeu. *Assassinato de reputações: um crime de Estado*. Rio de Janeiro: Topbooks, 2013.

120 CELSO DANIEL

Investigador da Polícia Civil no final da década de 1970, ele seguiria os passos do pai, o ex-senador Romeu Tuma, do Partido da Frente Liberal (PFL), atual Democratas, herdeiro da Arena, a fileira de direita no Brasil, e se lançaria à política. Seria, contudo, eleito deputado estadual em São Paulo, no final de 2002, pelo Partido Popular Socialista (PPS), sigla herdeira do antigo Partido Comunista Brasileiro (PCB), o chamado Partidão. O auge da carreira viria em 2007, ao assumir o cargo de secretário nacional de Justiça no governo de Luiz Inácio Lula da Silva.

Tuma Junior deixou o posto em 2010, alvejado por acusações de envolvimento com o contrabandista Li Kwon Kwen, o Paulo Li, ligado à máfia chinesa e líder da incontrolável pirataria de eletrônicos vendidos clandestinamente no centro de São Paulo. Seria inocentado.

A fuga de Dionísio duraria quase três meses. Depois da rápida passagem pela casa de sua tia Dete, escondeu-se em Embu-Guaçu, no apartamento do amigo Manoel Sérgio Estevam, de 32 anos, conhecido como Sérgio Orelha, com quem dividira cela na Penitenciária de Avaré.

Luzia Alves de Souza, mulher de Orelha, era amiga de Sandra dos Anjos, esposa de Dionísio, pois costumavam viajar juntas até o presídio, no interior do estado, para visitar os maridos.

Orelha era especialista em sequestros-relâmpago na região do Morumbi, na Zona Sul da capital, especialmente nas redondezas da avenida Giovanni Gronchi. Ele seria assassinado em setembro daquele mesmo ano de 2002. Seu corpo foi achado carbonizado dentro de um carro.

De São Paulo, Dionísio seguiu para Santa Catarina com Gisele — no dia 20 ou 21 de janeiro, segundo se recordaria Sandra.[39]

---

[39] Depoimento de Sandra dos Anjos ao Departamento de Homicídios e Proteção à Pessoa, em 24 de maio de 2006.

A CAPTURA

Viajaram no Fiat Palio cinza da amante. Seu filho R.T. chegaria na sequência, junto com um amigo do pai, Nenê, que lhe entregou doze aparelhos celulares.

Hospedaram-se numa pousada chamada Beira-Mar, em Florianópolis, enquanto Dionísio buscava uma casa para alugar em Balneário Camboriú, para a qual pretendia trazer sua esposa Sandra e os outros dois filhos pequenos. Daria a Gisele uma mesada e a veria quase diariamente, mas ela deveria se manter discreta e distante até que as coisas se acalmassem e os radares da polícia baixassem.

Dez dias depois, com cerca de R$ 30 mil em dinheiro vivo, Dionísio conseguiu um imóvel de alto padrão. Telefonou para Sandra dos Anjos e então pediu que viajasse, no Fiat Uno vermelho, com a filha do meio, D. Naquele primeiro momento, o filho caçula ficaria com a avó paterna em Mogi Mirim, no interior paulista. Adiante, trazido por um motorista particular, ele se juntaria à família.

A intenção do criminoso era instalar Sandra e as duas crianças em local distante dos estados do Nordeste onde praticaria suas futuras ações. Dionísio queria roubar bancos. E R.T. estava pronto para acompanhá-lo nessas incursões.

O plano só não deu certo porque Dionísio, havia trinta dias em solo catarinense, precisaria fugir. Não da polícia, mas de Gisele, que passara a pressioná-lo para que largasse a esposa e ameaçava aparecer em sua casa de surpresa. Era melhor sair dali. Adorava a amante e seu temperamento intempestivo, mas não confiava nela.

Dionísio conseguiu escapar, levou a família consigo, mas nunca perdeu o contato com Gisele, de quem Sandra só saberia já com o marido morto. R.T., quando capturado, mentiu às autoridades de modo a preservar o relacionamento extraconjugal do pai.

A próxima parada de Dionísio foi Alagoas, com breves escalas em Guarapari, no litoral do Espírito Santo, e Ilhéus, na Bahia. O destino prometido a Sandra era Fortaleza, no Ceará, mas ele já havia decidido alugar uma casa na turística praia do Francês, próxima a Maceió, onde já estivera e se localizava bem. Tanto que, ainda em Santa Catarina, usando um nome falso, despachou para Alagoas uma pistola semiautomática, disfarçada como encomenda comum, num ônibus da Viação Itapemirim. Conseguira a arma em São Paulo, com um comparsa conhecido como Carioca, que lhe enviara o presente embrulhado junto com um maço de R$ 700. Sandra foi quem apanhou o pacote, no mesmo dia em que Dionísio fugiu da cadeia pelos céus.

Segundo a Polícia Civil concluiria anos depois, a opção pelo Nordeste fora uma tentativa de Dionísio de reorganizar sua quadrilha de roubo a bancos. Prova disso seria o fato de que foi localizado durante as investigações de um assalto a banco em Aracaju, no estado vizinho de Sergipe, no dia 2 de abril, crime cometido em parceria com o filho R.T. e dois amigos de cadeia, Edmundo Massaferro Neto, o Véio, e José Carlos Barros, o Carlão.

Na ação, renderam o gerente antes da abertura da agência e permaneceram no local por duas horas. Saíram de lá com R$ 194 mil embalados em mochilas e sacolas.

Depois do roubo, os quatro se dispersaram pela orla da praia do Atalaia. O bando guardara as pistolas e o dinheiro no porta-malas do Fiat Uno vermelho, de propriedade de Sandra, estacionado no Shopping Jardins.

Dionísio passaria mais de uma hora numa sala de cinema do centro comercial e depois sucumbiria a outra de suas fantasias: além de fugas e assaltos cinematográficos, gostava de disfarces. No próprio shopping, encontrou um salão de beleza e mudou mais uma vez a cor do cabelo. Dessa vez, escolheu um tom castanho-claro, além de aparar o topete.

No estacionamento, desconfiou de que fosse seguido por agentes à paisana. A polícia cercava mesmo o bando. Seu filho e Véio já haviam sido pegos nas cercanias do shopping. Dionísio então

A CAPTURA 123

telefonou para Carlão, que tentava comprar passagens na rodoviária de Aracaju e o alertou de que estavam sendo monitorados. Combinaram de se encontrar numa padaria, emendaram um rápido café no balcão, para despistar, e caminharam até as margens da rodovia BR-101. Dormiram escondidos debaixo de uma ponte. Àquela altura, Dionísio já sabia que Feitosa e Bola haviam sido detidos em São Paulo.

Quando o dia clareou, tomaram uma lotação até a balsa na foz do rio São Francisco e cruzaram para a cidade alagoana de Penedo, de onde seguiram, num ônibus, para Arapiraca. O destino final era a praia do Francês. A viagem foi longa e Dionísio só chegou em casa por volta das 3h30 do dia 4 de abril.

A polícia o esperava.

A escolta para São Paulo foi comandada pelo delegado Maurício Correali.[40] Tuma Junior fez questão de recepcionar Dionísio e sua esposa ainda na escada do avião. Era 7 de abril de 2002. Saíram pela pista, não pelo saguão do aeroporto, para evitar a imprensa.

Segundo Tuma Junior, as primeiras palavras do criminoso foram as de que "assinaria a bronca de Celso Daniel". Mas com uma condição: a de que Sandra fosse liberada — o que não ocorreria. Essa foi a única preocupação manifestada pelo bandido experiente, com passagem por mais de dez prisões brasileiras: a de tentar convencer os policiais de que sua esposa, com quem se relacionava desde 1988, nada tinha a ver com a fuga de Guarulhos nem com o roubo à agência bancária no Nordeste.

No único depoimento que prestou antes de morrer, registrado às 20h daquele dia 7 de abril de 2002, Dionísio desabafou, aos prantos:

---

[40] Depoimento de Romeu Tuma Junior ao Ministério Público de São Paulo no dia 8 de abril de 2003, na sala de reuniões da Assembleia Legislativa de São Paulo.

— Era a Gisele quem tinha que ter me ajudado a fugir do presídio. A Sandra fazia limpeza para levar dinheiro para mim na cadeia. Ela não merece isso.

Dionísio foi interrogado pelo delegado Maurício Correali, a auxiliar Judite Santos da Silva e o chefe Romeu Tuma Junior, na presença de sua advogada, Maura Marques. Questionado sobre o assassinato de Celso Daniel, falou pouco e negou participação no crime:

— Doutor, eu não sei nada sobre a morte do prefeito de Santo André. Eu soube que ele foi num restaurante cujo nome não me recordo, acho que é Rubaiyat, foi abordado por vários veículos, deduzi que foram cobrar uma dívida dele, que trocaram a roupa dele e, como andaram morrendo vários prefeitos do PT, foram cobrar dele uma dívida do passado. Deduzi que pediram uma grana para o empresário que estava com ele e acho também que ele tinha um caso com o cara. Aí mandaram zerar ele.

Alguns detalhes do depoimento chamaram atenção de Tuma e de sua equipe logo de cara, principalmente o fato de Dionísio saber o nome correto do restaurante onde o político jantara antes do sequestro. Além disso, disse que "achava" ter conhecido pessoalmente "o segurança, não empresário", Sérgio Gomes da Silva.

— Eu acho que eu conheci pessoalmente o Sombra, o Sérgio Gomes da Silva, sei que ele era segurança lá (em Santo André). Ele não era empresário, era segurança das meninas.

As meninas a quem Dionísio se referia eram Ana Paula e Adriana, que disse ter namorado em festas realizadas "numa travessa da rua Goiás", em São Caetano do Sul, e em clubes nos municípios vizinhos de São Bernardo do Campo e Santo André, no ano de 1989. Segundo o bandido, essas festas eram frequentadas "por filhos de empresários de ônibus que realizavam serviços para a Prefeitura de Santo André". Os delegados se alvoroçaram com as coincidências. A próxima pergunta foi sobre se ele se lembrava do sobrenome da menina chamada Adriana.

— Faz uns treze anos que eu não a vejo, o sobrenome pode ser Polinese, Pulinese, Poliese, Puliese, alguma coisa assim.

A então mulher de Sombra chamava-se Adriana Pugliese. Esse detalhe do caso seria deixado de lado. Adriana nega ter conhecido Dionísio e a informação, ainda que comprovada, enveredaria para um campo pessoal demais.

É na última frase das 23 páginas do depoimento que se encontra a afirmação que, desde 2002, apavora o Partido dos Trabalhadores:

— Doutor, o restante que eu sei dessa história, para preservar a minha segurança, eu falo em juízo.

Não daria tempo.

Dionísio foi morto às 17h50 do dia 10 de abril de 2002, com mais de sessenta golpes de estilete no parlatório do Centro de Detenção Provisória I do Belém, em São Paulo, seis dias depois de ser preso no Nordeste.

Veterano do time da Pirelli, Celso Daniel em quadra praticando seu esporte predileto, o basquete.

O professor universitário Celso Daniel durante aula de Política e Gestão para a turma de pós-graduação na Fundação Getulio Vargas (FGV).

Celso Daniel e a ex-mulher, Miriam Belchior, no Clube Primeiro de Maio, em 1990.

Anotação na agenda de Celso Daniel no dia 15 de novembro de 1982, data de sua primeira tentativa de se eleger prefeito, com os dizeres "É hoje!!!".

Comício do PT nas eleições de 1988 em Santo André.

Luiz Inácio Lula da Silva em comício de Celso Daniel em 1988.

Lula durante comício de campanha de Celso Daniel em 1996.

Ao lado de Lula nas eleições municipais de 1996.

Documento da Câmara dos Deputados, intitulado "Estratégia do Mandato", que aponta Sérgio Gomes da Silva como responsável pela captação de recursos.

Foto oficial do mandato de deputado federal.

Almoço com Lula e com o secretário municipal Gilberto Carvalho (à direita).

Ao lado do ex-presidente do PT, o deputado José Dirceu, em 1996.

Com o colega José Genoino, futuro candidato a governador de São Paulo, em 2002.

Corpo de Celso Daniel localizado na estrada da Cachoeira, em Juquitiba.

Reconstituição do sequestro de Celso Daniel na região conhecida como Três Tombos, em São Paulo.

Memorial produzido pelo Diretório Municipal do PT de Santo André em homenagem ao prefeito.

Leonardo Colosso/DGABC

Cortejo do corpo de Celso Daniel em Santo André, no ABC paulista.

Sérgio Gomes da Silva, o Sombra.

O petista Klinger de Oliveira Souza, então supersecretário da prefeitura de Santo André.

O empresário Ronan Maria Pinto, preso pela Operação Lava-Jato da Polícia Federal em 2016.

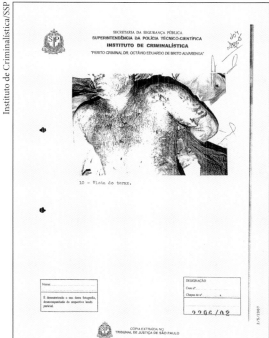

Laudo do Instituto de Criminalística com imagens do corpo esfaqueado de Dionísio Aquino Severo.

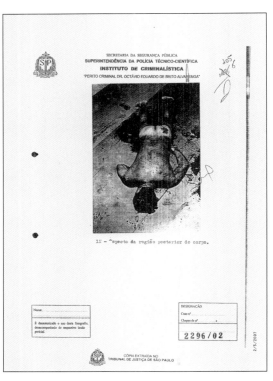

11 - Aspecto da região posterior do corpo.

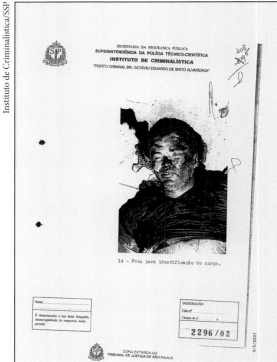

14 - Foto para identificação do corpo.

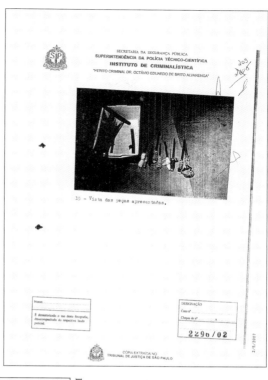

15 - Vista das peças apresentadas.

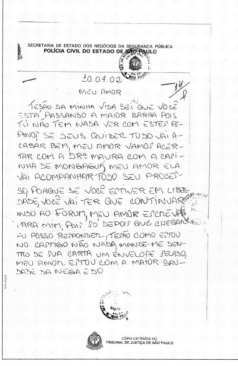

10.04.02
MEU AMOR

TESÃO DA MINHA VIDA SEI QUE VOCÊ ESTÁ PASSANDO A MAIOR BARRA POIS TU NÃO TEM NADA VER COM ESTES REPINOS, SE DEUS QUIZER TUDO VAI ACABAR BEM, MEU AMOR VAMOS ACERTAR COM A DRª MAURA COM A CASINHA DE MONGAGUA, MEU AMOR ELA VAI ACOMPANHAR TUDO SEU PROCESSO PORQUE SE VOCÊ ESTIVER EM LIBERDADE, VOCÊ VAI TER QUE CONTINUAR INDO AO FORUM, MEU AMOR ESCREVA PARA MIM, POIS SÓ DEPOIS QUE CHEGAR EU POSSO RESPONDER, TESÃO COMO ESTOU NO CASTIGO NÃO NADA, MANDE-ME DENTRO DE SUA CARTA UM ENVELOPE SELADO, MEU AMOR ESTOU COM A MAIOR SAUDADE DA NEGA E DO

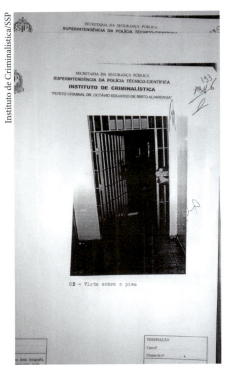

Laudo do Instituto de Criminalística com os portões do CDP do Belém abertos após a rebelião que levou à morte de Dionísio Aquino Severo.

Polícia faz buscas na Favela Pantanal, divisa de São Paulo com Diadema, no ABC.

Local onde foi encontrado um documento com a identificação de Celso Daniel, considerado também um possível cativeiro.

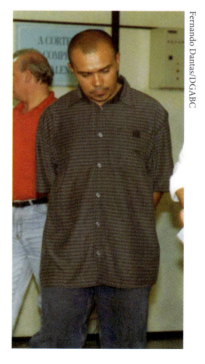

Ivan Rodrigues, o Monstro, líder da quadrilha da Favela Pantanal.

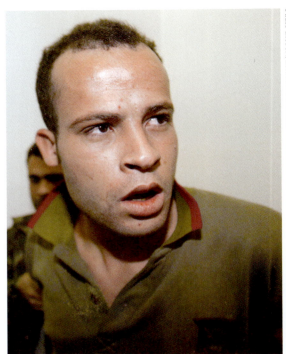

Rodolfo Rodrigues dos Santos, o Bozinho, integrante da quadrilha da Favela Pantanal.

Prisão de Marcos Roberto Bispo dos Santos, o Marquinhos, integrante da quadrilha da Favela Pantanal.

3 | A morte de Dionísio

Líder do Comando Revolucionário Brasileiro do Crime (CRBC), facção rival do PCC, Dionísio foi mandado para uma unidade dominada por inimigos. Tão logo deu entrada no presídio, viu-se instalado numa cela considerada reclusa, o chamado "seguro", destinada a presos jurados de morte ou estupradores de passagem.

Quase um ano antes, em 31 julho de 2001, ele alertara o sistema prisional de que havia sido condenado pelo PCC. Estava na Penitenciária João Batista de Arruda Sampaio, na pequena cidade de Itirapina, a 214 quilômetros da capital paulista, na região de Rio Claro, quando manifestou seu temor em ser lançado aos leões numa cadeia tomada pelo grupo criminoso rival.

Nesta ocasião, assinou um termo de declaração no qual explica que recusara a remoção para a antiga Penitenciária do Estado,[41] porque, "com certeza, corria grande risco de vida".[42] No documento,

---

[41] A Penitenciária do Estado foi inaugurada em 1920. A partir dos anos 1950, foram erguidos ao seu redor a Casa de Detenção, a Penitenciária Feminina e o Centro de Observação Criminológica, que formavam o Complexo do Carandiru, parcialmente demolido em 2002.

[42] Documento da Secretaria de Administração Penitenciária, extraído no Tribunal de Justiça do Estado de São Paulo.

CELSO DANIEL

registra textualmente que colaborara com a diretoria do presídio de Itirapina, "num grave problema que tinha com o PCC", e que, portanto, achava que merecia a recompensa de não ser colocado em reduto da facção inimiga.

Com os tentáculos do Primeiro Comando da Capital se espalhando rapidamente pelas celas paulistas e com um termo de declaração explícito como aquele, lavrado menos de um ano antes, ao que se somavam duas investigações (de grande alcance midiático) que esbarravam no nome de Dionísio, é difícil entender por que a Secretaria de Administração Penitenciária escolheu abrigá-lo — com o aval de sua advogada, Maura Marques — no CDP do Belém.

Em depoimento às autoridades que investigaram o crime três anos depois, o agente Renato Alves Rocha afirmou que o diretor de Segurança e Disciplina do CDP do Belém, José Alves dos Santos, chegara a comunicar ao diretor da unidade, Ildebrando Costa Bibanco, que havia risco em manter Dionísio nos corredores dominados pelo PCC.[43] Alves confirmou o procedimento quando ouvido pelo DHPP e disse ter sugerido ainda que o famoso chefe do CRBC fosse levado para longe da capital paulista. Indicou Presidente Bernardes, próprio a presos de segurança extrema.

Bibanco afirmou, em depoimento no dia 16 de dezembro de 2005 ao DHPP, que estava ciente do risco, informado pela coordenadora das unidades prisionais da capital paulista e Grande São Paulo, Elisabeth Regina Toledo Ferreira Duarte. Ouvira dela, porém, que Dionísio estava apenas de passagem pelo CDP do Belém e que seria rapidamente realocado.

Em ofício, o secretário adjunto da Administração Penitenciária, José Carneiro de Campos Rolim Neto, determinou que ele fosse mandado para o chamado regime disciplinar diferenciado, por período de

---

[43] Depoimento do diretor de Disciplina José Alves dos Santos, em 9 de dezembro de 2005, na sede do DHPP.

A MORTE DE DIONÍSIO

um ano, em Presidente Bernardes. O governo paulista, contudo, havia aceitado o argumento do delegado Romeu Tuma Junior, segundo o qual o criminoso poderia permanecer "em trânsito" por causa dos quase 600 quilômetros até o novo presídio.

Dionísio foi atacado brutalmente quando conversava — por muito mais tempo do que a praxe — com sua advogada no parlatório. No curso das investigações, o DEIC informou ter encontrado o nome do criminoso em conversas telefônicas de membros do PCC interceptadas pela Delegacia de Roubo a Bancos. Numa delas, um dos líderes da facção na época, César Augusto Roriz Silva, o Cesinha, de 34 anos,[44] diz a um comparsa, apelidado de Fantasma, que ordenara a execução de Dionísio.

Em depoimento ao DEIC, Cesinha admitiu a autoria intelectual do crime, conforme documentado em 24 de maio de 2002. Em 10 de setembro de 2003, no entanto, já trancafiado na cidade paulista de Osvaldo Cruz, negaria tudo o que dissera. Teria, segundo explicou, assumido a morte de Dionísio porque tinha sido notificado de que seu telefone fora grampeado. Contudo, sem acesso às escutas para atestar se eram verdadeiras, resolveu então mudar a versão e se descolar do assassinato, de modo que nunca se soube o que era procedente ou pura manobra.

Na época do segundo depoimento, Cesinha respondia por quinze roubos, nove homicídios, formação de quadrilha e quatro acusações de lesão corporal. Estava fragilizado e fora expulso do PCC. Tudo tinha mudado.

*

---

[44] Relatório de interceptação telefônica e depoimento em 24 de maio de 2002 à 5ª Delegacia de Polícia de Investigações sobre Furtos e Roubos a Bancos (DEIC).

CELSO DANIEL

Fato incontornável é que os detentos do CDP do Belém organizaram um plano para aniquilar Dionísio. Um grupo de presos da "ala da faxina", responsável pela limpeza dos corredores e das celas, iniciariam a empreitada.

O presidiário Anderson Aparecido dos Santos solicitou socorro médico para Alexandre José da Silva, que usava uma cadeira de rodas desde que chegara à cadeia. Quem os atendeu foi o carcereiro Júlio da Costa Liebort. Quando passavam pela pequena gaiola — conhecida como "viúva" nas carceragens do Brasil — que leva ao corredor, o preso que empurrava a cadeira de rodas o rendeu com uma faca escondida sob o assento do falso cadeirante.[45] Curiosamente, o Raio I tinha então um dos acessos destrancado, o que facilitaria a chegada até o corredor do parlatório.

Uma das razões apontadas para o sucesso da ação foi a ausência, naquele dia, do vigilante do acesso I, o agente penitenciário Antônio Idelvan Xavier de Freitas. O carcereiro não aparecera para trabalhar e, contrariando o manual de conduta do CDP do Belém, nenhum funcionário fora deslocado para substituí-lo.[46]

Dionísio fora conduzido até o parlatório — por volta das 15h daquele 10 de abril de 2002 — pelos agentes Edson Tadeu Marin e Renato Alves Rocha. Em depoimento ao DHPP, três anos depois, Marin declararia:

— Se a porta do acesso I estivesse trancada com a chave, os detentos não alcançariam o parlatório.

O agente Augusto Marcos Marques Prata, que trabalhava nos pavilhões do CDP e depois se tornaria motorista da unidade prisional do Belém, foi ainda mais assertivo:

---

[45] Depoimento do agente penitenciário Rivail Cândido de Moura, em 17 de outubro de 2005, na sede do DHPP.

[46] Depoimento do agente penitenciário Edson Tadeu Marin, em 11 de outubro de 2005, na sede do DHPP.

A MORTE DE DIONÍSIO

— Nos doze anos de trabalho como agente penitenciário, nunca vi a porta de entrada da cadeia, isto é, o acesso I, ficar desguarnecido.[47]

Enquanto o crime ocorria no parlatório, outros grupos de detentos renderiam os demais carcereiros. A cadeia tinha "virado", na linguagem dos presos.

Quando cercaram os agentes Ricardo Ferreira dos Santos e José Antônio Rapina, os rebeldes eram mais de cinquenta.[48] O bando exigiu a abertura de alguns corredores e arrombou as fechaduras cujas chaves não estavam à mão, configurando um motim completo. No auge da rebelião, os "faxinas" haviam libertado oitocentos presidiários, que, àquela altura, ignoravam os disparos com balas de borracha desde as muralhas e declaravam que o CDP do Belém fora tomado.

A rebelião, porém, duraria muito pouco.

Minutos após a execução de Dionísio, seu corpo já estatelado no corredor, três detentos encapuzados dialogariam com o chefe da vigilância, Antônio Vandécio da Costa Santos, e com seu auxiliar, Renato Alves Rocha, para então anunciar que o motim terminara, todos retornando tranquilamente às respectivas celas.

A missão estava cumprida e os presos nunca negaram isso.

A conduta dos agentes no CDP do Belém foi investigada por uma sindicância administrativa disciplinar, nº 002/2002, cujo parecer leva o timbre da Corregedoria Administrativa do Sistema Penitenciário

---

[47] Depoimento do agente penitenciário Augusto Marcos Marques Prata, em 14 de outubro de 2005, na sede do DHPP.

[48] Depoimento do agente penitenciário Ricardo Ferreira dos Santos, em 7 de outubro de 2005, na sede do DHPP.

132 CELSO DANIEL

de São Paulo. O relatório é assinado pelo corregedor Clayton Alfredo Nunes e datado de 13 de maio de 2002.

O diagnóstico é claro. A conclusão, nem tanto:

> O referido preso foi solicitado no parlatório e permaneceu nesse local por quase 3 horas com a advogada Maura Marques (OAB/SP 123.985); o funcionário que deveria ocupar o posto de acesso à gaiola I faltou ao serviço; o chefe de plantão não alertou o diretor do Núcleo de Segurança e Disciplina sobre o posto descoberto.

O documento continua apontando o roteiro de erros de conduta:

> No trajeto obrigatório entre a preparação e consumação do homicídio, falhas foram constatadas na rotina interna de segurança penitenciária:
>
> 1. Não poderia a advogada já mencionada permanecer por quase 3 horas no parlatório com o preso. É certo que inexiste tempo certo para a entrevista entre preso e advogado, porém, cabe à Direção da Unidade Prisional mensurar o razoável e controlar excessos que possam redundar em riscos desnecessários. *In casu*, isso não ocorreu. Não se soube nem ao menos se a advogada visitante postulou ou postularia judicialmente em proveito do preso;
> 2. O funcionário Júlio da Costa Liebort, encarregado do Raio I, por falta de competência ou cautela, permitiu que o plano traçado pelos presos do Raio I ultrapassasse a primeira etapa, ou seja, conseguiram sua própria rendição e a do funcionário Genival Ferreira Júnior (encarregado do Raio II). Na sequência dessa falha, já em cumprimento da segunda etapa, os presos, com o uso de armas brancas, renderam outros funcionários, abriram outros raios e buscaram a localização de Dionísio de Aquino Severo. A golpes de estiletes, provocaram sua morte;

A MORTE DE DIONÍSIO

3. No iter percorrido, já rumo ao parlatório (próximo ao Raio I), não poderia o posto de entrada e saída da carceragem permanecer desguarnecido e aberto. Mesmo que se alegue a falta de funcionários na unidade prisional, não se justifica a inexistência de comunicação ou existência de comunicação incorreta da chefia de plantão à Diretoria do Núcleo de Segurança e Disciplina. Com a localização de Dionísio de Aquino Severo e sua morte a golpes de estiletes, os presos rebelados, pela postura adotada, demonstraram que haviam ultrapassado a terceira etapa e alcançado o resultado pretendido, tanto que a movimentação interna ocorreu em curto espaço de tempo e outros (presos e funcionários) foram preservados e não foram maltratados.

Apesar de pontuar falhas inequívocas, o documento da corregedoria conclui:

> Em análise acurada dos autos, não se vislumbrou conexão lógica entre a conduta (comissiva ou omissiva) dos funcionários de plantão e o resultado, ou seja, não se obteve no mínimo qualquer indício de conduta previsível e querida por parte do corpo funcional em relação à execução e consumação do crime de homicídio qualificado.

Ouvido em novembro de 2005 pelos investigadores, Antônio Vandécio da Costa Santos informou que não indicara um substituto para o funcionário faltoso naquela tarde por falta de suplentes.

O agente Antônio Idelvan Xavier de Freitas, que faltou ao trabalho no dia do assassinato, seria demitido dois anos depois.[49] A maioria dos agentes que cuidava da segurança do CDP em 10 de abril de 2002 foi transferida para outras unidades do estado.

---

[49] Depoimento do agente penitenciário Renato Cleber da Fontoura Nunes, em 3 de outubro de 2005, na sede do DHPP.

Elisabeth Regina Toledo Ferreira Duarte deixaria o posto de coordenadora das unidades prisionais da capital e da Grande São Paulo em maio daquele ano, um mês depois do episódio. Ouvida pelos investigadores, afirmou que a escolha pelo CDP do Belém se dera por se tratar de um dos poucos presídios do estado com sistema de proteção de cabos de aço contra fugas pelos céus, como a que Dionísio protagonizara em Guarulhos.

O corregedor Clayton Alfredo Nunes alcançou o posto de diretor do Departamento Penitenciário Nacional (Depen) em novembro de 2003 e, mais tarde, seria nomeado secretário adjunto de Administração Penitenciária de São Paulo, posição em que permaneceu até 26 de maio de 2006, quando pediu exoneração ao lado de seu chefe, o secretário Nagashi Furukawa. Ambos haviam se envolvido numa disputa interna com a cúpula de Segurança Pública do Estado, com denúncias de montagem de escutas telefônicas clandestinas. O caso seria arquivado em agosto de 2007 pelo Órgão Especial do Tribunal de Justiça do Estado de São Paulo, atendendo a um pedido do procurador-geral de Justiça na época, Rodrigo César Rebello Pinho.

As investigações sobre a possível ajuda de carcereiros daquela unidade à ação que mataria Dionísio esbarrariam em enorme resistência das instâncias penitenciárias do estado.

No dia 28 de abril de 2006, o delegado Rui Baracat Guimarães Pereira enviou um ofício à chefia do Departamento de Controle e Execução Penal da Secretaria de Administração Penitenciária no qual requisitava cópia do expediente da transferência do criminoso da Delegacia Seccional de Taboão da Serra para o CDP do Belém. A resposta chegaria cinco dias depois, assinada pelo diretor técnico do presídio, Idair Alves de Souza.

A MORTE DE DIONÍSIO

> Temos a informar que na data de 10/04/2002, após ocorrido o óbito do detento Dionísio de Aquino Severo, os presos desta unidade [...] destruíram vários meios de informações deste estabelecimento, tais como livros de registros e movimentações contidos no setor de vigilância, causando assim um transtorno e impedindo qualquer tipo de pesquisa referente a esta época e relacionada ao ocorrido.

O Departamento de Homicídios e Proteção à Pessoa, entretanto, insistiria. Em novo ofício, de 19 de maio de 2006, o delegado solicitou "empenho na localização e encaminhamento dos documentos" e apontou: "Vale ressaltar que os detentos não alcançaram a portaria, consequentemente os livros desse setor não foram destruídos." No mesmo dia, Rui Baracat Guimarães Pereira pediu também a fita de vídeo com imagens do monitoramento interno do presídio.

A nova resposta chegaria seis dias depois: "Informo que foi verificado em nossos arquivos e nada foi encontrado quanto a esta ocorrência." As fitas com as imagens internas tampouco haviam sido localizadas.[50]

---

[50] Ofícios 0892/RBGP e 3341/2006 — Apuração preliminar. Ofícios 657/2006 e 2915/2006.

4 | Zé Edison

Dionísio de Aquino Severo, detento 084.974-5 do sistema penal paulista, teve dezenas de perfurações no pulmão e no coração. Sofreu também golpes na cabeça, que provocaram traumatismo cranioencefálico. Já morto, o corpo foi arrastado até a chamada gaiola 2, num trajeto de 30 metros, deixando um impressionante rastro de sangue.

Nas palavras do Ministério Público de São Paulo, responsável pela acusação dos agressores, "com o propósito de aumentar inutilmente a dor da vítima, foram desferidos golpes com estiletes nas regiões das nádegas". Na linguagem dos bandidos, isso se chama "esculacho" — e guardava um recado para os aliados de Dionísio além das grades do CDP do Belém.

Quatro presos foram denunciados pela morte, dois dos quais assumiriam o crime, Cristiano da Silva Viana e Reginaldo Oliveira Gonçalves, que, no entanto, sequer tinham manchas de sangue no uniforme. Eles seriam liberados depois de apontarem os verdadeiros executores: Dida e Nêgo Edson, interlocutores diretos, via telefonia celular, dos mandantes do assassinato.[51] A dupla negou.

---

[51] Carta Precatória nº 352/2006 expedida à Delegacia Seccional de Polícia de Presidente Venceslau. Inquérito Policial nº 282/2004.

Roberto Claudio Bernardo, o Dida, e Edson de Souza Raphael, o Nêgo Edson, foram aplaudidos dentro da carceragem do Belém quando caminhavam para a punição severa: o temido regime disciplinar diferenciado.[52]

Nêgo Edson era o líder do Raio VIII do presídio e chegou a enviar um bilhete horas antes do ataque, para provocar Dionísio. Tratava o detento inimigo como "querido". Era um aviso de que o sabiam por perto. A informação de que o líder do CRBC estava ali, porém, jamais poderia ter circulado. Uma falha grave do CDP do Belém. Um equívoco mortal.

Quando trucidado, Dionísio falava, havia quase três horas, com a advogada Maura Marques, a quem conhecera no Complexo do Carandiru, em 1995, e a quem pediu socorro ao ser capturado em Alagoas, em 2002. Era uma relação informal. A defensora chegara a encontrá-lo na detenção de Sorocaba e lhe prestara pequenos serviços na Vara de Execuções Criminais, anos antes. Contudo, nunca firmaram um vínculo.

O tempo de conversa entre eles naquela tarde, no parlatório, é considerado incomum para qualquer estabelecimento prisional do país — e talvez do mundo. A praxe, para entrevistas do gênero, é restringi-la a no máximo trinta minutos.

Na ocasião, porém, Dionísio seria encorajado por Maura Marques — e teria liberdade para tanto — a dedicar horas escrevendo uma carta para sua mulher, Sandra dos Anjos. A advogada prometera levar o bilhete até a Penitenciária do Tatuapé, não muito distante do Belém, onde ela estava presa.

---

[52] Depoimento do agente penitenciário Ailton Batista Lino, em 14 de outubro de 2005, na sede do DHPP.

A carta, aos garranchos, em maiúsculas, mas absolutamente legível, não seria terminada. A interrupção é abrupta. As palavras, escritas em caneta vermelha, ficariam perdidas num inquérito criminal pouco visitado, esquecido pela imprensa e pela polícia nos anos seguintes.

Em dezoito linhas curtas e mal pontuadas, Dionísio demonstra remorso e repete cinco vezes a expressão "Meu amor". Segue a transcrição inédita, sem correção ortográfica:

10.04.02
Meu amor

Tesão da minha vida sei que você está passando a maior barra pois tú não tem nada ver com estes pepinos, se Deus quizer tudo vai acabar bem, meu amor vamos acertar com a drª Maura com a casinha de Mongaguá, meu amor ela vai acompanhar todo seu processo porque se você estiver em liberdade, você vai ter que continuar indo ao Forum, meu amor escreva para mim, pois só depois que chegar eu posso responder, tesão como estou no castigo não nada, mande--me dentro da sua carta um envelope selado, meu amor estou com a maior saudade da nega e do

No parlatório, ao lado de Dionísio, um dos homens mais visados do sistema prisional paulista naqueles tempos, jurado de morte por anos, numa das inexplicáveis curvas que o destino dos personagens arquiva, havia outro recém-chegado ao CDP do Belém: José Edison da Silva — o sequestrador de Celso Daniel, o senhor do cativeiro, detento de matrícula nº 233.857-2. Ali, a um círculo de distância, ele presenciaria a morte brutal.

José Edison havia conversado, por poucos minutos, de forma arredia, com o advogado José Carlos Pacífico, o Filó, que aparecera no local com uma procuração para defendê-lo no processo relativo ao prefeito de Santo André. Segundo Pacífico, fora procurado pelo

140   CELSO DANIEL

pai do bandido. Não haveria acordo, porém. O criminoso mostrou-se desconfiado e não aceitou o valor dos honorários. Assim, quando a rebelião teve início, o advogado já estava longe. José Edison, todavia, fora inexplicavelmente esquecido no parlatório.

Em 2005, o senador Eduardo Suplicy afirmou, durante uma sessão da CPI dos Bingos, ter ouvido da advogada Maura Marques que José Edison chegara a trocar empurrões com os algozes de Dionísio. Em meio à fumaça, aos gritos e com o barulho dos tiros vindos das muralhas do presídio, o bandido teria desabafado para ela:

— Eu vou morrer, eles vão voltar para me matar.[53]

A defensora o acalmou.

Nos anos seguintes, sempre que questionado sobre aquelas horas com Dionísio no parlatório do CDP do Belém e sobre se travara alguma conversa com ele, José Edison tergiversaria ou mentiria.

O delegado Rui Baracat Guimarães Pereira tomou o depoimento de José Alves dos Santos, o diretor de Disciplina do CDP do Belém, em 9 de dezembro de 2005. Na terceira e última página do termo de declarações, há algumas linhas elucidativas.

Perguntado sobre por que, no dia 10 de abril de 2002, o detento José Edison permaneceu longamente no parlatório, até as 16h50, mesmo sem qualquer interlocutor, José Alves dos Santos respondeu:

— A permanência dele no interior do parlatório, desacompanhado, por quase duas horas é injustificável. Nenhum preso gosta de ficar no parlatório e, logo após a saída do advogado, grita para que o retirem de lá. A distância entre o parlatório e a chefia de vigilância é de 3 metros.[54]

---

[53] Depoimento de Maura Marques na sede da 3ª Delegacia da Divisão de Homicídios e Latrocínios do DHPP, em 20 de maio de 2004.
[54] Depoimento do diretor de Disciplina José Alves dos Santos, em 9 de dezembro de 2005, na sede do DHPP.

A presença de José Edison na sala, sem advogado, jamais seria justificada. Homem desassossegado, não é crível que tenha ficado sozinho e em silêncio num canto do parlatório de forma a não ser notado.

Em 19 de dezembro de 2005, Baracat foi até o presídio de Presidente Bernardes, no interior de São Paulo, para questionar José Edison sobre o ocorrido. O preso disse que, depois de dez minutos de conversa com o advogado, bateu na porta de ferro e pediu para voltar a sua cela, a de número quinze no Raio I, o mesmo onde teria início a trama para matar Dionísio. Relatou, contudo, ter ouvido de um agente penitenciário que deveria aguardar mais um pouco no interior do parlatório.

Quase três anos depois, José Edison não se lembrava de nada além disso: nem nomes nem descrições, e ainda falou ao delegado que sequer vira Dionísio, a seu lado, ser esfaqueado. Isso, apesar de ter declarado a investigadores, em fevereiro de 2004, que sofrera um ferimento na perna direita durante o assassinato e que passara dois dias na enfermaria do CDP do Belém.

— Quanto tempo o senhor passou no parlatório sem advogado? — perguntou o delegado.

— No máximo vinte minutos, doutor — respondeu o preso, mesmo depois de informado por Baracat de que passara 1 hora e 50 minutos no local.

Seria a última resposta. José Edison nada mais disse e se recusou a assinar o termo da declaração que acabara de dar, de modo que duas testemunhas tiveram de ser chamadas. Ele nunca mais falaria sobre o assunto.

Para o Ministério Público de São Paulo, José Edison fora esquecido no parlatório do CDP do Belém porque tinha um crime para assistir.

Ildebrando Costa Bibanco, o diretor-geral do CDP do Belém, revelou em depoimento ao DHPP, em 16 de dezembro de 2005, uma estranha informação envolvendo a advogada Maura Marques: no dia da morte de Dionísio, ele recebeu um telefonema do secretário de Administração Penitenciária do Estado de São Paulo, Nagashi Furukawa, perguntando sobre se de fato ela estivera no parlatório.

Segundo relato de Bibanco ao DHPP, a defensora teria dito ao secretário que não havia passado pelo local naquele dia. Mas a penitenciária era vigiada por câmeras e Maura Marques foi amplamente filmada — as imagens a mostram sorridente, falando ao celular, minutos antes de autorizada a entrar no presídio.

Bibanco também entregou aos investigadores um cartão de visitas da advogada, cuja anotação, feita de próprio punho por ele naquele dia, indicava até a placa do carro dela.[55]

Até então, Maura Marques era lembrada por ter defendido Fernando Dutra Pinto, o sequestrador da filha do apresentador de televisão Silvio Santos. Em outubro de 2002, ela tentou, sem sucesso, eleger-se deputada estadual pelo Partido Democrático Trabalhista (PDT).

Interrogados, os agentes penitenciários Júlio da Costa Liebort, que disse ter sido feito refém quando "a cadeia virou", e José Antonio Rapina contaram que ela era conhecida, dentro do CDP do Belém, como advogada de integrantes do PCC.[56]

Inscrita sob o número 123.985, desde 22 de março de 1994, na subseção de Santana da Ordem dos Advogados do Brasil, Maura Marques morreria em julho de 2009, no Hospital do Mandaqui, na Zona Norte de São Paulo. Ela negou à polícia que tivesse trabalhado a mando do PCC, mas não desmentiu que defendera detentos alinhados à facção.

*

---

[55] Depoimento do diretor-geral a Rui Baracat Guimarães Pereira, em 16 de dezembro de 2005, na sede do DHPP.

[56] Depoimento de José Edison da Silva, em 6 de fevereiro de 2004, na sede da 3ª Delegacia da Divisão de Homicídios e Latrocínios do DHPP.

No momento do ataque, Dionísio usava uma bermuda amarela, de algodão, com detalhes em preto. Na necropsia, os peritos descobriram outra pista inquietante e mal investigada: no avesso da peça havia dois números de telefones anotados.

Jogado numa fria no CDP do Belém e sem poder carregar um papel com anotações, Dionísio, que dominava a linguagem da cadeia, mais uma vez fora esperto. O reverso da roupa era um lugar seguro para guardar informações que ele não deveria esquecer. Um dos números anotados era o do celular de Maura Marques. O outro, um mistério.

Com o acesso ao cadastro da operadora de telefonia autorizado pela Justiça, a polícia acabou em um prédio residencial no bairro do Alto do Mandaqui, na região de Santana, Zona Norte de São Paulo. O número tocava num aparelho fixo, instalado na portaria do edifício de dezoito andares, e na casa do zelador, por meio de uma extensão. Os funcionários informaram que o telefone era de uso comum no prédio e que o serviço da portaria era terceirizado, a cargo de uma empresa de segurança.

Orientado pelo síndico, o investigador procurou a administradora do condomínio, que forneceu os dados do zelador encarregado do edifício em 2002, José Antônio Pereira de Oliveira. Conforme o parecer final dos policiais, entretanto, "não havia nenhuma anotação que pudesse ensejar sua residência atual".

O relatório é datado de 9 de novembro de 2006. Dionísio fora morto no CDP do Belém em 10 de abril de 2002. Muito tempo havia se passado. E a polícia nunca chegaria à pessoa que atendia ou deveria atender a um dos números que Dionísio ocultara no verso da bermuda.

Segundo a Polícia Civil de São Paulo, a morte de Dionísio não teve relação com o assassinato de Celso Daniel. A investigação concluiu que Cesinha, fundador do PCC, ordenara o homicídio.

144 CELSO DANIEL

Ele seria estrangulado e apunhalado com golpes de uma lança de madeira, feita com um cabo de vassoura, na jugular e no tórax. Era 13 de agosto de 2006. Estava dentro da cela 176 da Penitenciária 1 de Avaré, a 262 km de São Paulo, para onde fora transferido em 7 de julho. Foi surpreendido na hora da visita íntima de sua mulher, Aurinete Félix da Silva, a Netinha, conhecida no mundo do crime. A manchete do antigo *Jornal da Tarde* noticiaria: "Cesinha é morto como um vampiro." Uma referência à estaca de madeira cravada no peito.

O bandido, que perdera — para Marcos Willians Herbas Camacho, o Marcola — a liderança do PCC em novembro de 2002, acabara de fundar uma facção dissidente, o Terceiro Comando da Capital (TCC).

O detento Paulo Henrique Bispo da Silva assumiu a autoria do assassinato, mas pelo menos sete dos 37 internos tinham manchas de sangue nos sapatos e nas roupas. Quem conhecia a vítima riu ao ouvir a versão de que fora atacado por um único homem. Ele era ágil e preparado demais para ser vencido por apenas um algoz. Cesinha dava aulas de defesa pessoal aos detentos de Avaré durante o banho de sol e era respeitadíssimo no submundo da cadeia.[57]

---

[57] "Cesinha ensinava táticas de luta a soldados do TCC". *Jornal da Tarde*, 16 ago. 2006.

5 | Queima de arquivo

A equipe de investigadores da Seccional de Taboão da Serra acredita que o assassinato de Dionísio foi a principal queima de arquivo relativa à morte de Celso Daniel. O delegado Romeu Tuma Junior apostou nessa linha. Mais tarde, os promotores do Gaeco de Santo André encontrariam uma série de indícios e colheriam alguns depoimentos que fortaleceriam essa tese.

Na denúncia aceita pela Justiça, e que levou seis dos sete acusados do assassinato do político à prisão, Dionísio é apontado como elo entre a quadrilha da favela Pantanal e um bando que desviava dinheiro da Prefeitura de Santo André.

No curso das investigações, quatro pessoas prestaram declarações que iluminariam a trilha. A primeira foi o advogado Adão Nery, que defendera Dionísio na década de 1980. Ele afirmou ter visto — no fim de 1999 ou início de 2000 — seu ex-cliente sair da Prefeitura de Santo André. Conversaram rapidamente então e o bandido, que vestia um terno alinhado, contou ter abandonado a criminalidade porque conseguira um emprego.

146

CELSO DANIEL

Após registrar seu relato aos promotores que cuidavam do caso Celso Daniel, Nery, dizendo-se intimidado por um homem ligado ao PT, recuaria.[58]

O segundo testemunho crucial, tomado em maio de 2003, tratou da ligação entre Dionísio e Sérgio Sombra. Vice-prefeito na primeira gestão de Celso Daniel, José Cicote declarou ter visto ambos juntos, durante uma audiência pública, no primeiro andar da sede da Prefeitura de Santo André.

Como o episódio ocorrera havia mais de uma década, os promotores exibiram fotos e pediram uma descrição física, que correspondia: o homem ao lado de Sombra tinha "cabelos castanho-escuros, barba rala, pele branca, estatura mediana e era encorpado". Cicote disse mais: tinha certeza de que vira Dionísio duas ou três vezes dentro da prefeitura e que ele chegara a atuar como segurança da equipe de Sombra, ainda que sem vínculo empregatício formal com a administração municipal.

Fundador do PT, José Cicote deixou o partido em 1997 e filiou-se ao PSB. Era, portanto, um ex-petista quando sentou-se para o interrogatório. Saíra do PT porque não concordava com o fato de Celso Daniel dar poderes a um grupo que chamava de "gente de fora". Falava, especificamente, de duas pessoas: Klinger e Sérgio Sombra.

Cicote morreria aos 75 anos, em 2013, de complicações cardíacas.

Meses após prestarem seus testemunhos, tanto Adão Nery quanto José Cicote recuariam parcialmente em entrevistas aos grandes jornais.

---

[58] SCOLESE, Eduardo. "Advogado diz ter recebido ameaça". *Folha de S.Paulo*, 10 dez. 2003.

Nery diria que o encontro casual ocorrera quando deixava o Fórum de Santo André, não a sede da prefeitura, embora a distância entre os dois prédios seja de poucos metros.

Cicote ratificaria ter visto Dionísio dentro do prédio onde Celso Daniel dava expediente, mas não que presenciara o criminoso ao lado de Sombra. As quatro páginas iniciais de seu testemunho, entretanto, foram rubricadas por ele em 5 de maio de 2003.

Quem também relacionou Dionísio à Prefeitura de Santo André foi uma testemunha protegida pela Justiça, apelidada pelos investigadores de Sambista. Funcionário da Expresso Guarará, uma das empresas de ônibus a operar no ABC, disse que o bandido integrava a equipe de seguranças de Celso Daniel, chefiada por Sérgio Sombra, em época de campanhas eleitorais.

Os promotores queriam detalhes, ao que a testemunha atendeu: era branco, tinha estatura mediana, compleição forte e estava sempre com uma jaqueta preta. Reconheceu corretamente o personagem em fotografias. E informou ainda que o vira pela última vez como guarda-costas num showmício do PT realizado no bairro de Vila Luzita, em Santo André.

Sambista ainda contou que fora procurado, num telefonema da Bahia, por Elcyd de Oliveira Primo, que então lhe pedia ajuda para se entregar à polícia. Não explicou por que fora acionado por esse homem e apenas disse que o conhecia do ABC paulista.

John, um dos integrantes da quadrilha da favela Pantanal, chamava-se Elcyd de Oliveira Brito. Sambista batera na trave.

Curiosamente, quem se tornou testemunha-chave do caso foi Aílton Alves Feitosa, aquele que embarcara na fuga de helicóptero do presídio de Guarulhos.

Preso, relatou aos promotores que ouvira conversas de Dionísio quando estavam escondidos na casa de tia Dete e, depois, já sem ele, no apartamento de André Bezerra Leite de Lima, o Teco, onde estivera, com R.T. e Bola, antes de ir para um sítio em Ibiúna. Como já mencionado, chegara a pedir para participar da tal "fita do peixe grande". Sem sucesso. Segundo Dionísio, "havia gente demais" na operação e nem todos sabiam exatamente quem seria a vítima e qual fim a trama teria.

No dia 13 de dezembro de 2003, então condenado a mais de 36 anos de prisão, Feitosa, em entrevista à *Folha de S.Paulo*, seria ainda mais categórico:

— Dionísio falou com todas as letras: é o prefeito de Santo André, o Celso Daniel, e vai ser queima de arquivo.

Contou também ao repórter que o crime fora tramado em duas reuniões[59] na Zona Sul da capital paulista: a primeira, numa casa, em 17 de janeiro de 2002, véspera do sequestro; a outra, num apartamento, no próprio dia 18, enquanto Celso Daniel já jantava com Sérgio Sombra em São Paulo. Não informou, porém, quem teria participado desses encontros, tampouco quem morava nos dois imóveis. Feitosa disse que o pagamento pelo sequestro seria deixado numa bolsa de cor bordô, no banco traseiro do Pajero, e que ao "empresário" — ele não cita o nome de Sombra — caberia facilitar a ação.

Ao fim da entrevista, o repórter pergunta por que ele decidira abrir o jogo três meses depois de ter negado à polícia a conexão entre a fuga de helicóptero e o sequestro do prefeito. Analisada em perspectiva, a resposta faz algum sentido, embora Feitosa fosse um bandido profissional e estivesse interessado em reduzir sua pena:

---

[59] PENTEADO, Gilmar. "Reuniões decidiram morte de Daniel, diz preso". *Folha de S.Paulo*, 13 dez. 2003.

QUEIMA DE ARQUIVO

— Eu me reservei na época para não acontecer comigo o que aconteceu com Dionísio.

Para a promotoria, a prova documental do crime de mando seria encontrada quase por acaso. Em 2003, os investigadores rastreavam Teco, que trabalhava como motoboy e conhecia tanto o grupo de Dionísio, especialmente o já mencionado ex-garçom do Rubaiyat Carlos Eduardo Costa Marto, quanto o "timinho de Diadema", o pessoal da favela Pantanal, com quem jogava futebol. Teco foi preso em fevereiro de 2003.

Foi no verso do cartão da Ótica P. Gomes, achado dentro de um diário, que a namorada de Teco, a jovem Karina Araújo de Oliveira, deixou um rastro definitivo. Ela fora presa em flagrante, durante uma ação policial, em abril de 2002, no apartamento onde vivia com o namorado, em Embu. Conheciam-se desde 1999 e, quatro meses antes, passaram a morar juntos.

Teco escondia um revólver calibre 38, comprado na favela Valo Verde, em Embu das Artes, e um pacote com meio quilo de maconha na residência. Quando a polícia invadiu o imóvel, Karina estava lá.

Teco e Bola eram amigos desde a infância e frequentaram a mesma escola. Karina, porém, quando soube que o namorado daria guarida ao colega em sua casa, reagiu. Mais do que contra a ideia de abrigar um fugitivo do sistema penal, havia um elemento passional em seu aborrecimento: Teco guardava um amor não correspondido pela irmã de Bola. Ele, contudo, não tinha como dizer não ao parceiro, com quem tinha uma dívida de gratidão.

Depois de capturado, Teco foi ouvido na sede da 3ª Delegacia do Departamento de Homicídios e Proteção à Pessoa, em 24 de setembro de 2003, e assinou um depoimento repleto de respostas para quem investigasse as pontes entre o grupo de Dionísio e o dos assassinos de Celso Daniel.

Disse, por exemplo, que Bola lhe revelara que Dionísio já alardeava, antes do resgate do presídio em Guarulhos, ter um alvo de "classe alta", que seria sequestrado pelo "time de Diadema".

Quem descobriu o cartão da ótica no meio da papelada recolhida pela Polícia Civil foi o promotor Amaro José Filho, o mais detalhista da equipe do Gaeco escalada para o caso, ao remexer quatro caixas de material apreendido no apartamento.

De cara, dois nomes e um número telefônico lhe saltaram aos olhos: "Itamar" e "Bar do Gabriel", e os respectivos dígitos que, discados, levavam a um ponto de encontro da quadrilha da Pantanal. O Bar do Gabriel era um dos locais de concentração de um dos times de futebol de várzea da favela.

Chamada a explicar o que significavam as anotações no cartão, Karina inicialmente negou ser sua a caligrafia. O promotor pediu, então, que ela escrevesse as mesmas palavras e as submeteu a um laudo grafotécnico. Na segunda vez em que esteve diante dos investigadores, confrontada com o resultado do teste, que confirmava ser sua a letra, assumiu a autoria. Falou que fora chamada às pressas pelo namorado enquanto ele utilizava um orelhão e que os dados foram transmitidos, naquele telefonema, por alguém que não sabia nominar.

Para além de Bola, o apartamento do casal servira de esconderijo para Feitosa e ninguém menos do que R.T., filho de Dionísio.

Os três deixariam o abrigo quando levados para um sítio na cidade próxima de Ibiúna, ainda que a referência apontada para se chegar ao local indicasse outro destino: uma chácara próxima ao Parque do Gugu, em Juquitiba — não muito distante de onde Celso Daniel passaria suas últimas horas.

Outros bandidos que estiveram no apartamento de Teco teriam características físicas dos integrantes da quadrilha da favela Pantanal. Seus nomes, porém, nunca foram descobertos.

Preso em fevereiro de 2003, Teco foi levado para a unidade dois do presídio de Osasco, onde encontrou Bozinho. Em depoimento no dia 24 de setembro daquele ano, contou que este e Bola chegaram a trocar telefonemas logo depois de serem capturados, de dentro da cadeia, para falar da ligação entre o assassinato do prefeito de Santo André e a aventura de Dionísio pelos céus de Guarulhos. Segundo ele, os dois se preocupavam em tentar impedir que os casos fossem relacionados.

Bola, aliás, contaria à polícia que, enquanto esteve escondido na casa de Teco, em Embu, no dia anterior ao sequestro, ouviu Dionísio tratar com alguém que chamava de Monstro. Ele dizia:

— Monstro, precisamos nos encontrar para resolver nossos negócios porque pelo telefone não dá pra trocar ideia.

Há outras pistas da conexão entre os bandos. Ivan Monstro também relataria às autoridades ter sido alertado, por um amigo preso no Centro de Detenções Provisórias do Belém, de que Dionísio fora esfaqueado no parlatório. O informante tinha uma mensagem importante para lhe transmitir: José Edison estava ao lado da vítima, assistira à execução e até trocara empurrões com os algozes. Monstro ficou furioso:

— Quando soube que o Zé Edison estava ali com o Dionísio, minha confiança nele caiu de 100% para 10%.

Ouvido pelo Ministério Público, um rapaz, morador da Pantanal, testemunha sigilosa, contribuiria com uma importante informação ao reconhecer fotografias dos integrantes da quadrilha e afirmar já ter avistado, nos becos da favela, um dos homens cujo retrato lhe era mostrado: Dionísio de Aquino Severo.

Além das dezenas de versões desencontradas, das pistas confusas e da estranha pressa da cúpula da Polícia Civil em decretar o encerramento do caso, que não passaria de crime urbano, outro fator impelia o Ministério Público a aprofundar as investigações.

Os promotores sabiam de uma série de indícios de desvios de recursos e de cobrança de propina pesada, feita por pessoas que andavam armadas, na administração municipal de Santo André.

Era hora de olhar para o político Celso Augusto Daniel.

Parte 3

1 | Celso Augusto Daniel

Celso Augusto Daniel nasceu em 16 de abril de 1951. E o fato de ser um legítimo andreense ainda transbordaria em slogans de campanhas eleitorais. O menino fechado é lembrado por familiares e por quem o conhecera na infância como uma criança inteligente e introspectiva, que tinha obsessão pela leitura. Gostava de gibis, palavras cruzadas e, depois, de livros. Concluiu o primário em 1961, na Escola São José, e depois se transferiu para o Colégio do Carmo. Terminou o ensino médio no Américo Brasiliense, em 1968.

Era muito ligado à mãe, Maria Clélia Belletato Daniel, conhecida como dona Lurdes, que dedicava atenção especial ao filho do meio, alérgico ao leite materno. Por causa dessa restrição alimentar, ela vitaminava a mamadeira com suco de cenoura. Adulto, o petista conservaria o hábito de consumir nacos de cenoura crua durante reuniões no gabinete da prefeitura, o que, no começo, causava estranheza até em seus auxiliares.[60]

---

[60] Depoimento de João Avamileno, vice-prefeito na gestão de Celso Daniel entre 1996 e 2002, ao autor.

Na adolescência, Celso Daniel fora frequentador do carrinho de pipocas em frente ao Clube Primeiro de Maio. Era apaixonado por picolés, que consumia diariamente, sem moderação. O sorvete seria outro vício a extrapolar a juventude. Das colegas do Colégio Américo Brasiliense, uma das mais próximas era Regina Célia Anhelli, que ficaria famosa, anos depois, como a atriz Gigi Anhelli, a apresentadora do programa infantil *Bambalalão*, exibido na década de 1980, na TV Cultura.

Celso passou a maior parte da vida numa casa ampla no centro de Santo André, com uma rotina típica de família tradicional de classe média, marcada por longos almoços aos domingos, idas ao cinema no fim de tarde e aos jogos que o Corinthians mandava no Estádio Paulo Machado de Carvalho, o Pacaembu, na companhia do pai, Bruno José Daniel, e do irmão caçula, Bruno Filho.

Em 1976, viajou ao Rio de Janeiro para acompanhar de perto a semifinal do Campeonato Brasileiro contra a "Máquina Tricolor", o Fluminense dos astros do tri mundial no México, Roberto Rivellino e Carlos Alberto Torres.

Enrolado numa bandeira do time do coração, costurada por ele e Bruno, foi um dos mais de 50 mil torcedores paulistas que participaram da chamada "Invasão Corinthiana" ao Maracanã e que voltaram a São Paulo com a vaga para a final do Campeonato Brasileiro após a vitória nos pênaltis — o duelo terminara empatado em 1 × 1 no tempo regulamentar.

Celso Daniel formou-se em Engenharia Civil pela Faculdade de Engenharia de Mauá, em 1973, mas nunca abandonou os livros nem a vida acadêmica. O currículo que não conseguiu terminar de redigir no mês em que foi morto lembra que era mestre em Administração e em Planejamento Urbano pela Fundação Getulio Vargas, onde atuara como assistente de pesquisa sobre mercado imobiliário urbano (entre 1978 e 1979) até ministrar cursos nos anos seguintes. Ao lado do irmão caçula, ficou em segundo lugar no Concurso Nacional de Monografias sobre Administração Municipal, em 1979, promovido pela Fundação Prefeito Faria Lima (Cepam), com o trabalho "Políticas de controle do uso do solo urbano: lei de zoneamento e tributação".

Foi professor de Economia na Faculdade de Administração de São Paulo (Fasp), na Universidade Metodista de São Paulo e na Pontifícia Universidade Católica (PUC-SP). Lecionou diversas disciplinas, como Teoria Econômica, Introdução à Contabilidade Nacional, Finanças Públicas e Polícia e Programação Econômica, aplicadas às turmas de Economia e de Ciências Sociais.[61]

Em sua vida acadêmica, estudou Administração Pública Municipal, tendo como objetos de análise as finanças dos municípios e as estruturas de transporte no ABC paulista. Também desenvolveu teses sobre participação popular nas prefeituras e movimentos sociais no transporte coletivo. Um dos objetos era a Associação dos Usuários de Transporte Coletivo de Santo André, entre 1982 e 1987. Estudou três idiomas, inglês, francês e alemão, e cursou Filosofia e Engenharia de Tráfego na Escola Politécnica da Universidade de São Paulo.

Como não gostava de computadores nem de datilografia, guardava seus apontamentos e estudos para seminários e palestras em cadernos de espiral. As anotações revelam uma estranha mania: só escrevia nas linhas das folhas de rosto e não utilizava o verso das páginas. Também tinha o vício de recortar notícias e artigos publicados em jornais e armazená-los em pastas. Todo o material permanece arquivado no Consórcio Intermunicipal do Grande ABC, sob a guarda da namorada Ivone Santana.

*

---

[61] Acervo do Consórcio Intermunicipal do ABC.

Leitor voraz e chato com os livros, perdia-se nas páginas mesmo nos estádios de futebol, durante os intervalos das partidas, ou quando estava no banco de reservas do time de basquete, esporte que se tornaria sua maior paixão. Era nas quadras que o jovem tímido e desajeitado se transformava num habilidoso ala canhoto, difícil de ser marcado.

O gosto pelo basquete começou no quintal de casa, onde ele e o irmão João Francisco, seis anos mais velho, gastavam as horas livres arremessando contra uma cesta instalada na parede. Não demorou para que decidisse treinar em times juvenis, como o Panelinha, no ABC, até chegar ao famoso grupo da Pirelli, onde mais tarde ganharia o apelido de Celso Borracha, referência aos braços longos. Era admirador de Wlamir Marques, Rosa Branca e Ubiratan, da geração bicampeã mundial nas décadas de 1950 e 1960.

O ápice da jornada esportiva como ala do Pirelli, clube que defendeu dos 14 até os 27 anos, foi uma convocação para a seleção paulista de basquete. Também jogou pelo time de Ribeirão Pires, na região do ABC, e só interrompeu a carreira por causa de uma grave lesão no joelho, que o levou à mesa de cirurgia em 1999.

— Ele aparecia para bater bola, chegou a operar o joelho para poder jogar basquete — lembra Laís Elena Aranha, ex-atleta do Pirelli e depois técnica da equipe feminina.[62]

Na volta às quadras, no ano seguinte à operação, foi campeão paulista com o time sênior da cidade de Santo André e se preparava para defender a seleção brasileira máster no Goodwill Games de 2002, organizado na Austrália. Além do empenho com as cores da equipe, também se esforçava pessoalmente em buscar patrocínio para o clube na iniciativa privada. Quando não conseguia, o próprio caixa da prefeitura bancava o time da cidade.

---

[62] Publicação do Diretório de Santo André do PT. Impressão: Book RJ, 15 abr. 2002.

Ele nunca largou definitivamente o esporte. Continuou treinando com os veteranos do time da Pirelli semanalmente, às segundas e quartas-feiras, após o expediente como prefeito. Em dias estressantes, não era raro escapar, no horário do almoço, para aliviar a tensão, sozinho, com lances livres e arremessos de três pontos.

Naquele ano de 2002, porém, Celso Daniel tentaria na política sua melhor cesta.

2 | O político

*Se há uma coisa que acertei na vida, foi convidá-lo para ser
coordenador do programa de governo da campanha de 2002.*

(Luiz Inácio Lula da Silva)

Quando morreu, Celso Augusto Daniel era um quadro do Partido
dos Trabalhadores pronto para Brasília.

Engenheiro formado, começara a participar dos encontros para a
criação do PT em 1980, partido ao qual acabaria se filiando — com a ficha de número dois do diretório municipal de Santo André. A namorada
Miriam Belchior o acompanhou, abonada com a ficha de número sete.
Os dois estavam juntos havia cerca de dois anos. O começo da relação
coincidiu com a aprovação dela no vestibular do curso de Engenharia
de Alimentos da Universidade Estadual de Campinas (Unicamp).

A guinada à esquerda seria seguida não só por Miriam, mas pelos
amigos inseparáveis, os irmãos Maurício Xangola e René Michel
Mindrisz, e depois por Ivone Santana, a mais nova da turma entre
os jovens namoradores do Boulevard Oliveira Lima, um calçadão
propício para a paquera na cidade do ABC.

Ivone e Celso se conheceram na loja de roupas da mãe dos irmãos
Mindrisz, a Mujik Modas, onde ela trabalhava como balconista.
Tinha 14 anos. Aos 26, ele fazia mestrado em Planejamento Urbano
na Fundação Getulio Vargas.

162   CELSO DANIEL

Ivone filou-se ao PT em 1982 e engajou-se na primeira campanha de Celso à Prefeitura de Santo André. Ele nunca se afastou da turma e ela sempre trabalhou como assessora de políticos do PT no ABC. No ano seguinte, Celso foi morar com Miriam Belchior. Ficariam oficialmente casados de 1987 a 1993. Ivone casou-se com Michel dois anos depois.

Em 1989, Miriam Belchior afastou-se do emprego no Banco do Estado de São Paulo, o Banespa. Resolvera atuar na área de informática da Prefeitura de Santo André. Em 1994, quando o petista foi eleito deputado federal, ela coordenou a campanha.

Separada de Celso Daniel, Miriam casou-se, no ano seguinte, com Antonio Dória Martins Carneiro, assessor da liderança do PT na Assembleia Legislativa de São Paulo. Em 1997, foi nomeada secretária de Administração da gestão do ex-marido na cidade do ABC.

Mesmo com os casamentos dissolvidos, Miriam, Celso, Ivone, Michel e toda a turma do Boulevard conviveriam em harmonia — pelo menos até onde se sabe.

Quando Celso Daniel foi eleito para administrar Santo André, tanto os amigos quanto o segurança pessoal, Sérgio Gomes da Silva, assumiram bons cargos na máquina pública — alguns cairiam nas idas e vindas do PT ao Paço Municipal, mas nunca seriam esquecidos pelo partido.

Na madrugada final da vida do petista, quem avisou Ivone sobre o sequestro, num telefonema, foi o ex-marido Michel. Na época, ele chefiava a prestigiada Secretaria Municipal da Saúde de Santo André.

Apesar dos casamentos paralelos, Ivone e Celso, registre-se, sempre flertaram abertamente. Dos encontros extraconjugais, quando ela foi auxiliar e chefe de gabinete dele, nasceu a menina Liora, cuja paternidade era atribuída a Michel, mas que, após a morte do prefeito, adotaria o sobrenome Daniel.

O POLÍTICO

A paternidade foi comprovada num teste de DNA feito, a pedido de Ivone e à revelia da família do político, por meio de fios de cabelo de Celso retirados de uma escova que ela guardara.

A política se confunde com a história de Celso Daniel desde o berço. Em 1951, o pai Bruno José Daniel assumiu o primeiro mandato de vereador na cidade do ABC, pelo extinto Partido Democrata Cristão, o PDC. Católico fervoroso e apaixonado por futebol e pelo Corinthians, foi goleiro do Primeiro de Maio Futebol Clube — e até hoje o estádio de Santo André leva o seu nome.

Bruno Daniel começou a trabalhar aos 13 anos como escrevente do cartório municipal. A profissão fez dele uma figura popular na cidade e lhe abriu o horizonte para que aproveitasse a expansão imobiliária da então pequena Santo André, ex-vila de São Bernardo do Campo, e adquirisse terras. Os anos seguintes seriam prósperos para a região do ABC, com a cessão de terrenos às margens da rodovia Anchieta para a instalação de montadoras de automóveis e de uma loja especializada em venda de artigos de cama, mesa e banho, batizada de Casas Bahia.

Depois de três mandatos como vereador, interrompidos por um período na Secretaria Municipal da Fazenda, Bruno José Daniel andava com a saúde frágil, consequência dos quatro maços de cigarro diários, o que desencadeou um câncer de pulmão.

Morreu na véspera do Natal de 1969, quando o filho, que seguiria seus passos na política, cursava Engenharia Civil na Faculdade Mauá, no município vizinho.

Celso Daniel foi estagiário de engenharia no Departamento de Obras Públicas da Prefeitura de Santo André, de 1971 a 1973, onde ajudava a fiscalizar as intervenções urbanas e o estado de calçadas. Chegou a trabalhar na iniciativa privada, nas empresas Sarima Engenharia S.A e Engeral Engenharia e Obras S.A.

Em 1974, ingressou como engenheiro no Departamento de Trânsito de Santo André, onde permaneceria por cinco anos. No começo dos anos 1980, ganhou rapidamente a simpatia de alguns líderes do Partido dos Trabalhadores, integrando núcleos em áreas de periferia e organizando a chapa para a disputa de eleições locais. Pelo histórico familiar, era chamado amigavelmente pelos petistas de "o bom burguês".

Em 1982, arriscou-se pela primeira vez nas urnas, candidato a prefeito de Santo André. A agenda pessoal que carregava a tiracolo guarda uma anotação no dia 15 de novembro: "É hoje!!!"[63] Não foi. Obteve 80.773 votos, perdendo para o ex-prefeito Newton da Costa Brandão, do Partido Trabalhista Brasileiro, o PTB.

Era, contudo, o início de uma trajetória política de sucesso. O jovem candidato, apesar de derrotado, ajudou a cabalar votos para vereadores e o PT conseguiu o feito inédito de eleger seis membros para a Câmara Municipal da cidade, além de um deputado estadual, o ex-presidente do Sindicato dos Metalúrgicos José Cicote. Começava ali, aliás, uma rivalidade singular entre PT e PTB, que marcaria a história de Santo André por três décadas.

Numa ironia que o destino tramaria décadas depois, Celso Daniel comprou a primeira briga contra a administração eleita ao contestar o aumento das tarifas de transporte público. Chegou a improvisar um palanque e organizou os moradores da cidade para reclamar do reajuste das passagens, apontando atrasos nos horários de paradas dos ônibus e discrepâncias nos preços. Ganhou admiradores.

---

[63] Acervo do Consórcio Intermunicipal do ABC.

O POLÍTICO

Seu acervo de estudos e cursos mostra que tinha obsessão por transporte público. Foi membro da Comissão de Tarifas de Ônibus da Prefeitura de São Bernardo do Campo — ministrou cursos de Engenharia de Tráfego para servidores públicos, em 1982 — e representante da Câmara Municipal de Santo André na Comissão de Transporte da prefeitura, em 1983.

Voltaria a concorrer à prefeitura em 1988. Venceu. E herdou uma cidade sem caixa, numa época marcada por tormentas econômicas no país. Uma das primeiras medidas foi enxugar o salário do funcionalismo e vender à iniciativa privada a companhia municipal de ônibus. Paralelamente, conseguiu emplacar, como símbolo de sua gestão, um projeto de urbanização de favelas e áreas pobres de Santo André.

Como a reeleição ainda não era possível no Brasil, deixou o Paço Municipal e só voltou às urnas em 1994, eleito deputado federal com 96.957 votos. Brasília, entretanto, não era seu objetivo na época, e ele voltaria a ser prefeito de Santo André dois anos depois. Com a emenda da reeleição aprovada em 1997, foi reconduzido ao cargo, em 2000, com a impressionante marca de 70,13% dos votos.

Em pouco tempo de gestão, ele se tornaria homem de confiança da cúpula do Partido dos Trabalhadores, apontado como "prefeito-modelo" pelo mais importante petista, Luiz Inácio Lula da Silva, que, em 2002, tentaria, pela quarta vez consecutiva, chegar à Presidência da República.

Ao prefeito de Santo André estaria reservado — segundo os jornais da época — um dos mais importantes gabinetes no futuro ministério lulista: o do Planejamento. Há quem diga que Lula via nele, inclusive, um candidato a sucessor. Antes, porém, deveria coordenar a campanha presidencial — função estratégica para a qual já fora designado.

No ano da morte de Celso Daniel, a onda vermelha do PT se espalharia pelo Brasil e, ainda que incapaz de afetar a reeleição do governador tucano Geraldo Alckmin em São Paulo, daria a Lula 53 milhões de votos contra José Serra, do PSDB, no segundo turno.

Três meses depois do assassinato do prefeito de Santo André, em 15 de abril de 2002, Luiz Inácio Lula da Silva assinou a carta de abertura de um memorial de cinquenta páginas dedicado a ele, elaborado sob a coordenação de Miriam Belchior e distribuído pelo diretório local do PT para 20 mil pessoas, com vasto acervo de fotos e biografia impressa em papel caro:

> Minha inconformidade, o sofrimento e a revolta pela perda de Celso não se resumem à perda de um amigo, mas estão ligados à consciência de como será difícil surgir outra pessoa, outro quadro que reúna tantas qualidades humanas, políticas e administrativas.

No entanto, uma semana depois daquela perda, já havia outro escolhido para desempenhar a tarefa de coordenar a campanha à Presidência: Antonio Palocci Filho.

Na carta em homenagem a Celso Daniel, a frase mais emblemática de Lula está na linha final: "Até sempre, Celso!" Era certeira: o cadáver do político assombraria o Partido dos Trabalhadores para sempre.

3 | Os três mosqueteiros

Logo depois da vitória de Celso Daniel nas eleições para a prefeitura, em 1996, Sérgio Sombra entendeu que formar um grupo com tentáculos no mundo político e empresarial para tomar os contratos públicos da cidade de Santo André era melhor negócio do que servir oficialmente ao prefeito, ainda que a maior parte da propina tivesse como destino o caixa dois do Partido dos Trabalhadores.

Sombra lideraria um propinoduto "altruísta", como o PT falava reservadamente. O supersecretário Klinger e o megaempresário Ronan seriam seus parceiros no consórcio, aliados a uma legião de donos de empresas de ônibus e de coleta de lixo, todos beneficiários do assalto. Em Santo André, o trio passara a ser conhecido como os "três mosqueteiros".

Celso Daniel dera poderes irrestritos a Klinger na prefeitura.

Simultaneamente ao fortalecimento financeiro do PT, o grupo de operadores do esquema de propina enriquecia. A possibilidade de conseguir uma espécie de monopólio dos contratos públicos de transporte em Santo André era real. Os maços de dinheiro vivo se avolumavam nas mesas dos achacadores da cidade tanto quanto a truculência na

168 CELSO DANIEL

sanha da arrecadação ilícita. Um detalhe assustava sobremaneira os prestadores de serviço do município: Sombra andava com uma pistola a tiracolo e Klinger, com um coldre escondido na canela.

— O Sérgio era o que guardava o dinheiro, ou o que levava o dinheiro. Como o sócio do meu pai declarou na CPI de Santo André, era um homem frio, sempre portava arma, sem conversa — afirmou Rosângela Gabrilli.[64]

Nunca houve dúvidas de que Sérgio, um ex-segurança, andasse armado. Afinal, a pistola Taurus foi entregue na delegacia, no dia do sequestro.

Mas e Klinger, por quê?

Em 2005, ele confirmou à CPI que levava um revólver sob a calça. Disse que tinha medo de perueiros e que a arma era legalizada. Admitiu, contudo, que aquilo pudesse constranger interlocutores:

> Eu andava armado, sim. A partir de 1997, em função desse enfrentamento com os perueiros, eu passei a receber diversas ameaças. Há registros, boletins de ocorrência dessas ameaças em 1998 e 1999. Como eu tenho treinamento militar — eu sou militar da reserva, sou oficial da reserva da Marinha —, entendi que eu tinha condição de andar armado, quer dizer, foi uma decisão minha. Submeti-me aos exames que todo cidadão que queria ter porte neste país se submete, comprei uma arma para isso — não tinha, comprei a arma —, registrei a arma, fui à delegacia, fiz os exames necessários de manuseio, de habilidade escrita e psicológica, e ganhei o porte de arma. Usava a arma na canela. Jamais me ocorreu que essa atitude pudesse, de alguma forma, constranger alguém. Depois do fato consumado, me caiu a ficha de que, realmente, é algo que pode constranger, sim. A pessoa vê, não está acostumada, fica com medo. Foi a melhor coisa nessa história toda, na minha vida, foi uma graça de Deus, porque eu abandonei a arma, entreguei a arma. Hoje, eu sou abso-

---

[64] Depoimento à CPI dos Bingos, do Senado.

OS TRÊS MOSQUETEIROS

lutamente defensor do desarmamento. Votei pelo desarmamento. Fiz campanha pelo desarmamento. Tomei consciência da bobagem que eu fazia na minha vida, porque eu jamais teria condições de me defender. Se alguém quisesse me abordar, até eu pegar aquela arma na canela... Enfim, graças a Deus, essa é uma página virada na história da minha vida.

Chamada a prestar depoimento aos senadores, Rosângela Gabrilli tinha uma história para contar. Três dias depois do enterro de Celso Daniel, ela bateu à porta do Ministério Público para oficializar denúncia sobre o que os promotores já sabiam: a administração de Santo André era um duto de propina para o PT.

Segundo Rosângela, sua família, proprietária da Expresso Guarará e da Viação São José, vinha sendo sistematicamente prejudicada em concorrências pela dupla Klinger e Sombra, que pretendia estrangular e até comprar a empresa para consolidar o domínio do setor nas mãos do grupo encabeçado por Ronan Maria Pinto.

Filha de Luiz Alberto Ângelo Gabrilli, patrono da companhia de ônibus, e irmã da futura deputada federal Mara Gabrilli, foi Rosângela quem denunciou ao Ministério Público de São Paulo que os mosqueteiros de Celso Daniel cobravam o pagamento de um percentual mensal sobre cada ônibus que rodasse na cidade.

A exigência fora feita em duas etapas. Tão logo assumiu o cargo, o prefeito convidou Sombra e Luiz Alberto para um encontro no restaurante Rubaiyat, o mesmo no qual esteve na noite do sequestro. Na ocasião, informou ao empresário que ele, Celso, cuidaria das questões políticas e Klinger tocaria a cidade. Disse também que o supersecretário o procuraria em breve.

Procurou-o quase seis meses depois, e já para exigir o pagamento de cerca de R$ 40 mil, em dinheiro vivo, religiosamente no dia 30 de cada mês.

— Foi dito que teria de ser recolhido das empresas, todo dia 30, quer dizer, mensalmente, teria de ser recolhido um valor e que era para o Partido dos Trabalhadores — diz a denúncia.

Naquela época, alguns empresários da área haviam se juntado, inclusive os Gabrilli, para formar um consórcio, chamado Expresso Nova Santo André. Rosângela afirmou que, em 2001, pagavam R$ 41.800 ao esquema de propina, sendo R$ 36.185 pelas linhas operadas pela Viação São José, de sua família, e mais R$ 8.774 referentes à participação no consórcio. Naquele ano, seu pai tivera problemas de saúde e ela assumira a dianteira dos negócios.

Outros empresários de transporte, João Antônio Setti Braga e Sebastião Passareli, confirmariam os desvios. Conforme declarou Setti Braga à CPI do Transporte na Câmara Municipal da cidade, em julho de 2002, eram entregues R$ 100 mil mensalmente ao secretário Klinger.[65]

Formada por governistas, porém, a CPI de Santo André não daria em nada e ainda isentaria os acusados. Quatro anos depois, em fevereiro de 2006, ouvido em Brasília, na CPI dos Bingos, Setti Braga repetiria as informações.

— A propina mensal, que classifico como uma autêntica extorsão, era considerada um custo político para a gente trabalhar sossegado.[66]

A CPI dos Bingos, aliás, promoveria, em 26 de outubro de 2005, uma histórica acareação, que durou mais de sete horas, entre os irmãos de Celso Daniel, João Francisco e Bruno, e Gilberto Carvalho, ex-secretário municipal de Santo André e, àquela altura, homem forte do governo Lula.

---

[65] "Empresário confirma pagamento de propina a ex-secretário do prefeito Celso Daniel". Agência Senado, 21 fev. 2006. <http://www12.senado.leg.br/noticias/materias/2006/02/21/empresario-confirma-pagamento-de-propina-a-ex-secretario-do-prefeito-celso-daniel>.
[66] Depoimento de João Setti Braga à CPI dos Bingos.

OS TRÊS MOSQUETEIROS

Os dois relataram terem ouvido da ex-mulher do prefeito, Miriam Belchior, e, mais detalhadamente, do próprio Gilberto Carvalho, uma semana depois do assassinato, que o dinheiro desviado da municipalidade era levado ao ex-presidente do PT José Dirceu. Havia até uma cifra: R$ 1,2 milhão.

— Você se esqueceu que, naquele dia em casa, entre um pedaço de bolo de aipim e outro, você não parava de falar? Disse que tinha medo de transportar tanto dinheiro para José Dirceu num Corsa preto — disse João Francisco. — Sinto que o senhor sofre e que sua alma está aprisionada. Em Santo André, o senhor fazia a ligação entre a quadrilha formada por Klinger, Ronan e Sérgio com a cúpula do PT — completou.

Gilberto Carvalho negou tudo. Inclusive que estivesse com a "alma aprisionada".

Os três mosqueteiros sempre negaram a existência do recolhimento da "caixinha", conforme o termo que usaram. Na CPI dos Bingos, prestaram depoimento no mesmo dia, em novembro de 2005. Ronan puxaria a fila, seguido de Klinger e Sombra.

Na verdade, o último havia sido chamado para abrir os trabalhos da comissão, mas conseguira mudar a ordem, alegando atraso, enquanto tentava, sem sucesso, um *habeas corpus* para não depor.

À CPI, Ronan argumentou que só se juntara aos Gabrilli porque a empresa deles atravessava severas dificuldades financeiras. Klinger também partiu para o ataque e disse que os denunciantes não cumpriam os contratos para entregar no prazo obras de construção de terminais e pontes.

A verdade, porém, é que, com preços em escalada, os Gabrilli eram estrangulados pelo grupo que queria o monopólio do ramo de transportes em Santo André.

*

Quando o caso chegou ao Ministério Público, Rosângela tinha uma prova devastadora: durante meses, Sérgio Sombra pedira que o dinheiro fosse depositado diretamente na conta pessoal dele. Os extratos bancários não mentem e ela os tinha. A conta de Sombra no antigo Banespa, de São Paulo, registra quatro pagamentos, nos valores de R$ 11.402, R$ 10.904 e duas remessas de R$ 11 mil.

Com o passar do tempo e diante do glamour de se tornar um empresário em ascensão meteórica, Sombra pediu que o grupo designasse outros recolhedores da propina. Inicialmente, o papel coube a Irineu Nicolino Martin Bianco, gerente da Expresso Nova Santo André, uma das empresas de Ronan Maria Pinto. Depois, a Luiz Marcondes de Freitas Júnior, gerente da Associação das Empresas de Santo André. Segundo Rosângela, a falcatrua só estancaria com o assassinato do prefeito, em janeiro de 2002:

— Com a morte do Celso, eu recebi a visita do Marcondes. Ele passou na empresa, logo depois da morte do Celso, e eu, na dúvida, perguntei: "Como é que fica dia 30?" Ele respondeu: "Olha, esquece, apaga tudo, porque agora eu não tenho nem para quem passar o dinheiro."

Em julho de 2002, o Ministério Público acusou Sérgio Sombra, Ronan Maria Pinto e o empresário aliado Humberto Tarcísio de Castro, além de Irineu Nicolino e Luiz Marcondes, de formarem uma quadrilha para achacar empresas de ônibus da cidade.

O fluxo de dinheiro do transporte público para o caixa dois do PT não era novidade quando o prefeito de Santo André foi morto. Em 1994, Oswaldo Cruz Júnior, o Oswaldão, presidente do Sindicato dos Condutores Rodoviários do ABCD, denunciou, ao romper com o partido, que havia um esquema de desvios para bancar as campanhas de Celso Daniel.

Oswaldão foi assassinado a tiros, no mesmo ano, por um dos diretores do sindicato, José Benedito de Souza, o Zezé, dentro de sua sala na entidade. A polícia concluiria que a causa da morte fora uma briga entre sindicalistas.

Ouvido pelo juiz Luiz Fernando Migliori Prestes, de Itapecerica da Serra, em 5 de fevereiro de 2004, praticamente dois anos após a fatídica noite do arrebatamento, Sérgio Sombra diria não se lembrar do que fizera ao longo daquela sexta-feira, dia 18 de janeiro de 2002.

— Eu fiquei em casa com meu filho.

Os promotores que o acusavam de ter facilitado o sequestro trataram de lembrá-lo da própria agenda, citando pelo menos duas pessoas com quem falara: Wellington Capelozzi, empresário do ramo de coleta de lixo, e Klinger.

Sombra encontrara-se tanto com Wellington quanto com Klinger. Separadamente. Com o primeiro, teve uma reunião importante, no escritório do empresário, para ingressar como sócio em outra companhia, a Target Tecnologia e Serviços, especializada em coleta de lixo hospitalar.

A conversa com o supersecretário foi marcada num dos restaurantes favoritos do trio — e também de Celso Daniel —, a cantina Fratelli D'Itália, no ABC. Às 13h55 daquela sexta-feira, Klinger desembarcou do Pajero pela mesma porta da qual, horas mais tarde, o prefeito de Santo André seria retirado aos trancos. O encontro durou 1 hora e 30 minutos.

No depoimento à CPI, em Brasília, Klinger também foi perguntado — por Eduardo Suplicy, seu companheiro de partido — sobre o que fizera naquele 18 de janeiro. A resposta?

— Não tenho memória. Não tenho memória disso, senador...

174 CELSO DANIEL

Nem Sombra nem Klinger se recordavam do almoço. O garçom que anotara os pedidos, contudo, lembrou-se inclusive de ter ficado, a título de gorjeta, com uma nota de R$ 10.

Havia também uma engrenagem política em curso. Ainda que os mosqueteiros tenham se demonstrado inábeis politicamente, sempre houve um roteiro combinado. O grupo tramava eleger Klinger deputado estadual em 2002, um trampolim para que concorresse à Prefeitura de Santo André um ano e meio depois.

O arranjo tinha o objetivo de alçar o vereador Raulino Lima, ex-metalúrgico, a uma cadeira de deputado federal, derrotando internamente os apoiadores de Professor Luizinho, nome que ganhava força na cidade, respaldado por José Dirceu. Na prática, a ascensão de Luizinho era um problema para o triunvirato Klinger-Sombra-Ronan.

Raulino aceitava o projeto. Um dia depois do enterro de Celso Daniel, porém, levaria um susto, assaltados à mão armada, ele e a mulher, quando tiravam o carro da garagem de casa, na Vila Cristina, em Santo André.

Havia, portanto, o roteiro desejado, mas a engenharia política do trio enfrentaria muitas dificuldades. Em dezembro de 2001, por exemplo, pouco mais de um mês antes de ser morto, Celso Daniel anunciara que não queria qualquer de seus secretários engajados nas eleições do ano seguinte. Oficialmente, o discurso era o de que seu time deveria continuar tocando a administração de Santo André enquanto ele se dedicaria à campanha presidencial.

Nos bastidores, contudo, o então candidato Lula havia determinado que Celso se distanciasse dos comandantes do propinoduto no ABC e isolasse Sombra e Klinger, já investigados pelo Ministério

OS TRÊS MOSQUETEIROS

Público. A avaliação do comando petista era de que a dupla poderia se tornar alvo fácil — revelando o caixa dois — para os adversários na disputa de 2002.

Klinger reagiu com obediência e comunicou que seguiria na prefeitura, à revelia dos planos de seu grupo. Um dia depois do sepultamento do prefeito, em 22 de janeiro, tinha mudado de ideia:

— Estou emocionado e preciso refletir melhor. Mas é óbvio que essa decisão estava em um contexto pessoal do Celso que não existe mais. Tudo isso precisa ser analisado.[67]

O projeto pós-Celso Daniel estava de pé novamente e só não iria adiante devido ao cerco das investigações.

A CPI dos Bingos, no Congresso Nacional, concluiu — em relatório do senador Garibaldi Alves (PMDB-RN) — que Celso Daniel fora vítima de crime de mando. O parecer final foi aprovado por doze votos a dois no dia 20 de junho de 2006.

A comissão funcionava como uma espécie de trincheira da oposição ao governo Lula e encontrou uma brecha para remexer no caso: a necessidade de apurar laços do grupo de Sérgio Sombra e de empresários de Santo André com a exploração ilegal de jogos em Mato Grosso, comandada por João Arcanjo Ribeiro.

Ele fora policial civil em Campo Grande (MS), mas se mudara para Cuiabá (MT), na década de 1980, de modo a comandar o jogo do bicho e um cassino clandestino. Com o dinheiro obtido ilegalmente, implantaria um ainda mais lucrativo esquema de agiotagem. O rápido enriquecimento e o poder conquistado no submundo do estado o aproximaram de diversos políticos, a ponto de receber o título de "comendador", concedido pela Assembleia Legislativa mato-grossense.

---

[67] "Klinger pode rever candidatura". *Diário do Grande ABC*, 22 jan. 2002.

O Ministério Público chegara a estimar seu patrimônio em quase R$ 1 bilhão, incluindo empresas, participações societárias no exterior, jatinho e fazendas, quando alvo de uma operação da Polícia Federal batizada de Arca de Noé, em 2002, mesmo ano da morte de Celso Daniel.[68]

O bicheiro, contudo, conseguiu fugir para o Uruguai, onde, em 2003, seria capturado. Extraditado para o Brasil em 2006, acumula diversas condenações, em diferentes júris, por homicídio, sonegação fiscal, lavagem de dinheiro, formação de quadrilha, evasão de divisas e crimes contra o sistema financeiro. Foi acusado de ser o mandante de mortes de empresários e de um jornalista.

Em 2006, a cozinheira Zildete Leite dos Reis, que trabalhava em um bufê que servia Arcanjo, e um ex-segurança do "comendador", Joacir das Neves, afirmaram à CPI dos Bingos que haviam visto os três mosqueteiros de Santo André reunidos com o bicheiro.

O guarda-costas iria além: disse ter presenciado uma reunião na qual Sérgio Sombra pediu apoio para organizar o sequestro de Celso Daniel, que descobrira o "caixa 3" montado para que ele, Ronan e Klinger ficassem com uma parte dos recursos desviados e destinados ao PT — dinheiro que era lavado com a ajuda das conexões de Arcanjo.

Zildete acusava o bicheiro de ter encomendado a morte de seu irmão. O depoimento dela, entretanto, não seria levado a sério porque falou que outros petistas graúdos também teriam se encontrado com Arcanjo, como os ex-ministros Antonio Palocci Filho e José Dirceu, o braço direito de Lula, Paulo Okamotto, o ex-deputado Bispo Rodrigues e até o traficante Fernandinho Beira-Mar. Os senadores consideraram que tudo aquilo fosse ficção.

*

---

[68] VALENTE, Rubens. "Justiça libera patrimônio do bicheiro João Arcanjo". *Folha de S.Paulo*, 18 jan. 05.

OS TRÊS MOSQUETEIROS

Outras conexões, talvez com mais sentido, ligavam Santo André a Cuiabá. Ronan e Sérgio Sombra tinham empresas em Mato Grosso, como a Princesa do Sol, responsável por treze linhas de ônibus em Várzea Grande.

Em agosto de 2002, o jornal *Diário de Cuiabá* informou que uma varredura na Junta Comercial do estado apontava Ronan como parte societária em quatro das cinco empresas de ônibus que operavam na capital mato-grossense — Sol Bus, Coxipó, Nova Cuiabá e Rotedali.

Além de nomes conhecidos no estado e do da própria mulher de Ronan, Terezinha Fernandes Soares Pinto, entre os acionistas dessas companhias constava a *offshore* uruguaia Roanoake. O relatório final da CPI dos Bingos sugere que Ronan tinha laços com *offshores* para esconder dinheiro no exterior.

Em julho de 2002, uma reportagem do *Diário do Grande ABC* — que, antes de ser comprado pelo próprio Ronan Maria Pinto, desenvolvia linha crítica e investigativa sobre o propinoduto de Santo André — informou que a Projeção, uma das empresas de ônibus do grupo, tinha conexões com uma *offshore* no Uruguai chamada Valgares ou Valgarces (o jornal usa o primeiro termo; a CPI, o segundo) e pretendia abrir outra nas Ilhas Virgens Britânicas.

Diz trecho do relatório da CPI:[69]

> A conexão do caso Santo André com o "comendador", vale dizer, a associação entre o crime organizado e a política tem como elo o advogado uruguaio Luis Nin Estévez, defensor do "comendador" Arcanjo naquele país. Estévez, por sua vez, tem o interesse de suas *offshores* representados no Brasil através do advogado Fernando Magalhães Milman. O Sr. Estévez também comparece como responsável pela *offshore* Posadas Posadas e Vecino (PPV), com sede em Montevidéu, a qual pertence a Diego Posadas Monteiro, também

---

[69] Relatório Final da CPI dos Bingos, do Senado.

dono das *offshores* Valgarces e Vulcano, que eram representadas no Brasil pelo Sr. Gerardo Pugliese (falecido em 2004), sogro do Sr. Sérgio Gomes da Silva. Com o grupo uruguaio Posadas, divide cotas o ex-ministro da Agricultura do Uruguai Raul Enrique Vairo Erramouspe, que, por seu lado, é o principal acionista de outra *offshore* uruguaia Roanoake.

A Roanoake tem como representante no Brasil o Sr. José Renato Bandeira de Araújo Leal e como Procurador o Sr. Fernando Magalhães Milman. Essa *offshore* ingressou no capital de várias empresas do grupo de Ronan Maria Pinto em Cuiabá. Conjuntamente com Sérgio Gomes da Silva, Ronan foi proprietário dessas empresas até 2002, desligando-se da vida empresarial em Mato Grosso, logo após a morte de Celso Daniel.

Na prática, havia indícios de que os mosqueteiros e outros empresários, como Humberto Tarcísio de Castro, teriam montado uma sociedade anônima no Uruguai para fazer com que o dinheiro desviado de contratos de transporte público chegasse a contas no exterior.

Um detalhe saltava aos olhos de qualquer um que lesse o relatório com atenção: o procurador da empresa Valgares ou Valgarces para negócios no Brasil era Gerardo Pugliese, sogro de Sérgio Sombra.

4 | A sentença da propina

No dia 23 de novembro de 2015, já em tempos de Operação Lava-Jato, cujas investigações fariam ressurgir relevantes personagens do caso Celso Daniel, a juíza Maria Lucinda da Costa, da 1ª Vara Criminal de Santo André, assinou uma sentença — aguardada havia mais de uma década — que ligava muitos pontos e ampliava a compreensão de uma prática que tivera, naquela cidade, seu projeto-piloto: "Anote-se, mais, que o esquema de corrupção ora analisado era tão estruturado que se ramificou. Encontrou no pensamento coletivo corrompido terreno fértil e se alastrou."[70]

Um despacho autoexplicativo e sintético do que ocorreria no país a partir dos contratos públicos de Santo André geridos pela administração petista:

> Os réus, especialmente KLINGER e SÉRGIO, ligados que são ao Partido dos Trabalhadores, ocuparam posição de destaque no partido, em uma cidade que congregava a liderança partidária. Da admi-

---

[70] Sentença da juíza de Direito Titular da 1ª Vara Criminal, Dra. Maria Lucinda da Costa, em 23 de novembro de 2015. Cita fls. 6916 — 34º volume, o que foi homologado a fls. 6917.

nistração de Celso Daniel saíram pessoas que ocuparam cargos no primeiro escalão do governo federal petista, como Miriam Belchior e Gilberto Carvalho. Portanto, tinham eles condições de, em fazendo uma administração limpa, fazer frutificar frutos bons. Mas não; optaram por ceder à corrupção, o que possibilitou a proliferação do esquema maléfico, como depois se tornou público e notório. Em suma, KLINGER e SÉRGIO exerceram aqui a arquitetura do mal.

A sentença determinou a condenação de Sérgio Sombra a quinze anos e seis meses de prisão em regime fechado, mesma pena imposta a Klinger Luiz de Oliveira Souza. O empresário Ronan Maria Pinto foi condenado a dez anos e quatro meses de cadeia. A defesa considerou a pena imposta em primeira instância alta demais. Todos respondem, conforme ordem judicial, em liberdade.

Não seria a única sentença, porém. Em 13 de maio de 2016, com a Lava-Jato correndo a todo vapor, o juiz Genilson Rodrigues Carreiro, da 1ª Vara da Fazenda de Santo André, condenou o Partido dos Trabalhadores a pagar R$ 3,5 milhões pelo assalto ao caixa da prefeitura. O trio Sombra, Ronan e Klinger recebeu pena idêntica.

No despacho, o magistrado cita os relatos de Gilberto Carvalho e Miriam Belchior, feitos aos irmãos do prefeito assassinado, sobre a existência de um propinoduto em Santo André, operado pelos três mosqueteiros de Celso Daniel, e, principalmente, sobre o desvio de dinheiro para enriquecimento pessoal dos acusados de formação de quadrilha.

> JOÃO FRANCISCO explicou que, no dia em que o corpo de CELSO DANIEL foi encontrado, MIRIAM BELCHIOR, ex-esposa do seu irmão e então Secretária de Inclusão Social e Habitação da Prefeitura de Santo André, esteve em sua residência. Nesta oportunidade MIRIAM revelou: "JOÃO FRANCISCO, eu tenho que falar uma

A SENTENÇA DA PROPINA

coisa para você. Não sei se você sabe, mas a situação em Santo André não estava boa." Indagada sobre o que isso significava, MIRIAM completou: "Olha, estava havendo desvios de dinheiro em Santo André para proveito próprio", comandados por KLINGER, RONAN e SÉRGIO GOMES. E asseverou: "O teu irmão sabia, porque ele comandava um esquema de desvio de dinheiro na Prefeitura de Santo André" que deveria ser destinado para a "campanha do PARTIDO DOS TRABALHADORES, única e exclusivamente". A situação era tão grave e fora de controle que, segundo a própria MIRIAM admitiu nesta conversa, no mês de setembro de 2001, ou seja, quatro meses antes do assassinato de CELSO DANIEL, ela o procurou e o alertou nos seguintes termos: "Olha, CELSO, eu vou embora, eu saí, eu vou pedir demissão. Eu fui convidada para ser secretária em São Paulo, na época da Marta, e não fico mais aqui. Se você não tomar providência...". Em resposta, CELSO DANIEL prometeu que iria tomar providências e garantiu que "não podia admitir desvio de recursos que não fosse para campanha eleitoral".

Em outro trecho da sentença, o juiz relembra diálogos de Gilberto Carvalho com familiares de Celso Daniel durante a missa de sétimo dia do prefeito morto:

JOÃO FRANCISCO noticiou, ainda, que no dia da missa de sétimo dia da morte de CELSO DANIEL, GILBERTO CARVALHO esteve em sua casa e, na presença de seu irmão BRUNO JOSÉ DANIEL FILHO, disse: "Eu tenho uma coisa para conversar com você. É desagradável, mas eu tenho que informar para vocês que existia um grupo em Santo André, que tinha sido montado pelo Celso..." — grupo do qual faziam parte KLINGER, RONAN e SÉRGIO. "É um grupo que, através das duas funções, desviava dinheiro da Prefeitura para fins de arrecadação para o PARTIDO DOS TRABALHADORES." Tratava-se, segundo o Secretário de Governo de Santo André, da "prefeitura que mais arrecadava" para as campanhas municipais e estaduais. Nesta ocasião GILBERTO CARVALHO admitiu a JOÃO

182   CELSO DANIEL

FRANCISCO que ele mesmo chegou a levar dinheiro em espécie para São Paulo e o entregou a JOSÉ DIRCEU, então Presidente do PARTIDO DOS TRABALHADORES.

Em outros dois encontros GILBERTO CARVALHO reiterou seu relato a JOÃO FRANCISCO, sendo a última oportunidade exatamente no dia em que ele gentilmente ofereceu carona à testemunha para levá-la ao apartamento de LUIZ EDUARDO GREENHALGH, de onde partiriam para a sede do DHPP (Departamento Estadual de Homicídios e de Proteção à Pessoa), local onde JOÃO FRANCISCO seria inquirido. No trajeto, GILBERTO CARVALHO comentou que "usaram o dinheiro do partido, o seu irmão não admitia que houvesse desvio para proveito próprio, tinha que ser exclusivamente para o Partido. Inclusive eu levava [dinheiro] direto".

Todos os condenados negam as acusações. Gilberto Carvalho — que teve os direitos políticos suspensos por cinco anos e foi condenado a pagar multa no valor equivalente a cinquenta vezes seu salário na época — nega que tenha relatado o esquema de desvios aos irmãos de Celso Daniel.

Após as revelações, João Francisco e Bruno Daniel sofreram ameaças, e este último decidiu deixar o país.

O silêncio e a fidelidade de Sérgio Gomes da Silva ao grupo que sangrou o caixa da Prefeitura de Santo André lhe asseguraram proteção. Defendido por um dos maiores advogados do Brasil, o criminalista Roberto Podval, que chegou até ele pelas mãos do PT, Sombra segue sem ter jamais enfrentado um júri popular pelo crime de homicídio.

Ficou sete meses preso, entre 2003 e 2004, dividindo cela com onze acusados de baixa periculosidade, mas foi solto, durante as férias do Judiciário, pelo ministro da Suprema Corte Nelson Jobim,

A SENTENÇA DA PROPINA

em decisão monocrática, depois de sua defesa ter sofrido derrotas em todas as demais instâncias.

Não foi a única vitória de Podval. Sérgio Sombra teria sido levado a júri popular no primeiro semestre de 2013, uma década depois de denunciado pelo Ministério Público de São Paulo, em 5 de dezembro de 2003. Em dezembro de 2012, porém, o advogado conseguiu paralisar a tramitação do processo no Supremo Tribunal Federal.

O maior trunfo, entretanto, ainda viria, obtido em 2014. Argumentando que, durante a fase de instrução, primeira etapa do processo, a Justiça de Itapecerica da Serra não lhe franqueara o direito de questionar todas as testemunhas, pediu que o processo retornasse à estaca zero. A Turma do Supremo se dividiu a respeito: os ministros Luís Roberto Barroso e Rosa Weber não acataram a solicitação, mas Marco Aurélio Mello e Dias Toffoli votaram a favor. Como, em caso de empate, prevalece um dos pilares do Direito Penal, *in dubio pro reo* (em caso de dúvida, o réu é favorecido), o pedido do advogado foi aceito.

5 | Antenas de telefonia

O deputado estadual Donisete Pereira Braga, filiado ao PT e hoje prefeito de Mauá, é dos poucos quadros do partido cuja origem não remete ao sindicalismo militante, mas ao braço da sigla ligado à Igreja Católica. Natural de Flora Rica, na região de Presidente Prudente, a 550 quilômetros da capital, no oeste paulista, escapou por muito pouco de se enrolar durante as investigações do crime contra Celso Daniel — e quase foi alvejado politicamente por isso.

Ele foi vereador por dois mandatos, em Mauá, e, depois, quatro vezes deputado estadual. Em depoimento, em março de 2003, Maria Elena Villar, ex-chefe de seu gabinete, relatou que Braga tinha muitos detalhes do caso e que nunca fora segredo que a função de Sérgio Sombra era arrecadar e distribuir dinheiro de propina. Ela se recordou de um almoço, no mês seguinte ao assassinato do prefeito de Santo André, em que o deputado, ao longo de quatro horas, foi monotemático: só queria saber a opinião dos presentes sobre a participação de Sombra no sequestro.

Donisete Braga era amigo de Sombra, que, frequentador do gabinete do deputado estadual, acabaria por se aproximar de Cíntia de

Oliveira, assessora do político. Conversas telefônicas entre Cíntia e Sombra, que mantiveram um relacionamento, foram captadas pela Polícia Federal. São esses os raros diálogos nos quais ele demonstra algum cansaço e sua voz perde o timbre intranquilo e raivoso com o cerco das investigações.

Donisete Braga começou a enrolar-se em maio de 2003, quando o Ministério Público o questionou sobre sua presença na região de Embu, nas cercanias do cativeiro de Celso Daniel, na noite de sábado, 19 de janeiro de 2002 — um dia depois do sequestro e horas antes do assassinato, conforme concluíram os legistas.

A quebra de sigilos telefônicos listou o aparelho celular do deputado entre os números rastreados pelas ERB (Estação Rádio Base) de telefonia, aquelas antenas que captam chamadas efetuadas numa área.

Segundo a operadora Vivo, foram feitas aproximadamente quinze ligações desde o celular de Braga na região de Embu, no período entre 22h18 e 23h41 daquele sábado. Mais tarde, à 1h26 da madrugada de domingo, telefonou para Sérgio Sombra.

— Queria notícias do Celso Daniel — justificou-se.[71]

O relatório da CPI dos Bingos reproduziu o cruzamento de dados de telefonia feito pelo Ministério Público:

> O deputado estadual Donisete Pereira Braga é o titular do telefone 9658-0613 e telefonou para Sérgio Gomes da Silva no dia 19 de janeiro, sábado, às 7h47min, e no dia 20 de janeiro, domingo, à 1h26min. Tentou também estabelecer com o mesmo interlocutor outras comunicações naquele mesmo período. No sábado, dia 19, a partir das 19h54min até as 2h59min do domingo, dia 20, o

---

[71] CHRISTOFOLETTI, Lilian. "Laudo técnico contraria versão de deputado do PT". *Folha de S.Paulo*, 26 maio 2004.

deputado deslocou-se, partindo de uma região compatível com a da Prefeitura Municipal de Santo André, até as proximidades do Palácio dos Bandeirantes, sede do Governo Estadual, e, em seguida, até as regiões de Taboão da Serra e Embu, onde permaneceu por no mínimo 1h20min, após o que retornou para Santo André. Naquela noite, o telefone do deputado foi atendido pelas seguintes ERBs: SPO22 036, 20:00 pela SPO22 056, 20:09 pela SPO31 004, 20:10 pela SPO31 039, 20:12 pela SPO31 037, 20:13 pela SPO31 016, 20:17 pela SPO31 001, 20:29 pela SPO26 027, 20:31 pela SPO26 002, 20:43 pela SPO29 022, 20:46 pela SPO24 021, 21:03 pela SPO29 022, entre 22:18 e 23:41 pelas SPO43 015 e SPO43 032, 23:42 pela SPO04 049 e a partir de 00:18 horas novamente pela SPO22 001. Para constatar seu percurso, basta confirmar que passou pela área de abrangência das ERBs, situadas nas seguintes ruas, onde elas estão instaladas, pela ordem: em Santo André, rua das Bandeiras, nº 356, Rua Almirante Tamandaré, nº 74, Rua Florianópolis, nº 122; em São Bernardo do Campo, Rua Guarani, nº 65, Rua Miguel Arco e Flecha, s/nº, Rua do Sacramento, nº 382 e Avenida Doutor Rudge Ramos, nº 1177; em São Paulo, Rua Vergueiro, nº 9584, Rua Baronesa de Bela Vista, nº 223, Rua Maria Noschese, nº 265, Rua Carlos Cirillo Júnior, nº 92 e Rua Comendador Elias Jafet, nº 730; em Embu, Rodovia Régis Bittencourt, quilômetro 276; em Taboão da Serra, Rua Alfredo Wolf, em frente ao nº 77 e finalmente em São Paulo, na Avenida Giovanni Gronchi, nº 2728, antes de chegar em Santo André, região de origem.

Interrogado pelos promotores, Braga disse inicialmente que não se lembrava do que fizera naquela noite. Telefonou para a esposa em busca de alguma recordação. Formalmente, a explicação apresentada por ele, dias depois, foi a de que estivera no Palácio dos Bandeirantes, sede do governo paulista, para uma reunião de diversos políticos com o governador Geraldo Alckmin e outras autoridades de segurança pública. Declarou que estava então com Márcio Chaves Pires, vice-prefeito de Mauá, que, por sua vez, negaria ter saído de lá com o deputado.

O governo confirmou, em ofício, que o carro oficial de Braga estivera mesmo no Palácio dos Bandeirantes. Porém, conforme reportagem do jornal *Folha de S.Paulo*, não é possível saber precisamente a que horas ele deixou o local.

Donisete Braga não era alvo dos investigadores, mas lhes causou estranheza que o número de telefone de um deputado do mesmo partido da vítima, com base eleitoral num município vizinho a Santo André, tivesse supostamente sido captado muito próximo ao local onde Celso Daniel passara a noite seguinte ao sequestro. A torre de Embu, no km 276 da rodovia Régis Bittencourt, é próxima à casa que servira de cativeiro, na mesma estrada.

Braga alegou, em sua defesa, que as antenas do Morumbi poderiam estar saturadas naquela noite de sábado, dada a quantidade de celulares em atividade, o que teria deslocado as chamadas para a ERB da Régis Bittencourt.

Segundo a Vivo, entretanto, isso seria quase impossível. "Mesmo que todas as ERBs da região estivessem fora de serviço, não haveria possibilidade de terminação ou originação através das ERBs SPO 43-015 e SPO 43-032", diz o laudo da operadora. As siglas se referem às antenas de Embu e Taboão da Serra, posicionadas a mais de 10 quilômetros de onde o deputado informou que estava — no caso, o Palácio dos Bandeirantes.

O Ministério Público de Santo André enviou as informações para o procurador-geral do estado de São Paulo, Rodrigo Pinho, que solicitou a abertura de inquérito contra Braga.

Além dos telefonemas suspeitos, foram anexadas cópias do relatório do depósito de três cheques, emitidos por Sérgio Sombra, na conta bancária do deputado, entre abril e julho de 1999, no valor total de R$ 12 mil. O parlamentar respondeu que os valores se referiam a um empréstimo pessoal, quitado nos anos seguintes.

Em março de 2006, o Tribunal de Justiça do Estado de São Paulo mandou arquivar o caso. Alegou que as provas coletadas pelos promotores eram insuficientes para incriminar o deputado. Sua carreira decolaria.

6 | Conversas proibidas

Em janeiro de 2006, durante depoimento à CPI dos Bingos, o delegado da Polícia Federal José Pinto de Luna surpreendeu os parlamentares ao afirmar, sem rodeios, que ele e o colega Marcelo Sabadin Baltazar haviam sido indicados pelo PT para acompanhar as investigações do assassinato de Celso Daniel.

Os senadores o interpelaram atônitos:

— Como assim indicados pelo PT?

O delegado confirmou o que falara, e não titubeou em dizer, quando pedida a sua opinião sobre o caso, que o prefeito petista fora vítima de um crime comum, um sequestro malsucedido, e que aquilo era, conforme a conclusão da Polícia Civil, assunto encerrado.

Pinto de Luna, aliás, seria designado pela corporação para investigar outro caso complicado para o PT, quando um assessor parlamentar do deputado José Guimarães (PT-CE), irmão do ex-presidente do partido José Genoino, foi flagrado, em julho de 2005, no Aeroporto de Congonhas, em São Paulo, com US$ 100 mil escondidos na cueca e R$ 200 mil numa valise. O dinheiro, segundo ele, havia sido obtido com a venda de verduras.[72]

---

[72] "Petista preso diz ter obtido dinheiro com verduras". *Folha de S.Paulo*, 9 jul. 2005.

No dia 4 de dezembro de 2007, o delegado foi indicado para comandar a Superintendência da PF em Alagoas, pela caneta do chefe da instituição em Brasília, Luiz Fernando Corrêa.

Em 2009, filiou-se ao PT. Virou político, um quadro do partido, e até tentou, em 2010, uma cadeira de deputado federal por Alagoas — sem sucesso.

O delegado Hermes Rubens Siviero Junior assinou, pela Polícia Federal, o inquérito relativo ao crime, encaminhado então à 7ª Vara Criminal Federal de São Paulo. O documento foi concluído em 19 de março de 2002. Ou seja: o caso estava encerrado praticamente dois meses depois do assassinato.

Ele até tentaria mergulhar na investigação. Chegara a expedir um mandado de busca e apreensão no apartamento de Celso Daniel, à procura de roupas do prefeito, mas foi barrado especialmente pela ação do deputado petista Luiz Eduardo Greenhalgh, que recorreu à chefia da PF para impedir a ação. Greenhalgh era o homem da Câmara dos Deputados e dos Direitos Humanos no caso, ainda que tenha sido acusado de estapear um dos bandidos — o que nega.

Oito dias depois de concluída a investigação pela Polícia Federal, a procuradora da República Ana Cristina Bandeira Lins endossou o relatório à Justiça, num parecer em que diz "não ver motivação política no crime". Ela ainda apontou incompetência jurídica da esfera federal. A juíza Kyu Soon Lee aceitou a alegação e arquivou o inquérito 1-0021/2002.

O melhor serviço que a Polícia Federal prestou às investigações da morte de Celso Daniel deu-se muito antes de Lula chegar ao Palácio do Planalto, mais especificamente nos dias subsequentes ao assassinato do prefeito.

CONVERSAS PROIBIDAS

A PF montou escutas telefônicas reveladoras de como se comportaram alguns dos principais personagens do caso, enredados numa gigantesca trama de corrupção — quase um prólogo do que o PT faria uma vez no comando da República.

Oficialmente, os grampos — que rastrearam 41 linhas fixas e de aparelhos celulares — teriam sido engatilhados para apurar a ação de uma quadrilha de traficantes de drogas no ABC. Os ofícios foram assinados pelo delegado Marcelo Vieira Godoy e as escutas, autorizadas pelo juiz-corregedor do Departamento de Inquéritos Policiais (Dipo), Maurício Lemos Porto Alves.

Nas mãos do juiz federal João Carlos da Rocha Mattos, inicialmente a ordem consistiu em que o material interceptado fosse transcrito. Dias depois, ele voltaria atrás. Concordara com um pedido do renomado advogado José Carlos Dias, defensor do petista Klinger de Oliveira Souza. E, ao mudar de ideia, determinou, em 2003, que os áudios fossem destruídos.

Para rever a decisão inicial, o magistrado argumentou entender que a Polícia Federal usara o narcotráfico como pretexto para monitorar pessoas próximas ao prefeito morto — o que faz sentido para quem ouviu as gravações. Os áudios são sobre o crime de Santo André. E são reveladores.

Na tarde de 25 de outubro de 2005, ouvido pelos senadores da CPI dos Bingos, Rocha Mattos disse que, além das escutas, havia uma série de arquivos armazenados nos antigos disquetes de computador da PF, que inclusive citavam um tal Ivan Monstro e um incerto Dionísio.

O relatório da Polícia Federal foi batizado de Operação Távola Redonda.

Apesar de ter ordenado a destruição das 42 fitas cassetes em 2003, Rocha Mattos disse que cópias foram feitas durante o trajeto judicial até a eliminação das originais. Diz mais: que uma caixa de papelão com as cópias foi levada da casa de sua ex-mulher, Norma Regina Emílio Cunha, ex-auditora da Receita Federal, numa diligência da Operação Anaconda, da Polícia Federal, em 30 de outubro. Na ocasião, ela seria presa por suspeita de integrar uma quadrilha envolvida com venda de sentenças judiciais e falsificação de documentos. No apartamento, foram encontrados US$ 500 mil.

As fitas estavam guardadas dentro de uma banheira sem uso e, segundo relatos de Rocha Mattos, Norma havia lhe pedido mais de uma vez para que as retirasse de lá.

No dia 7 de novembro de 2003, ele também seria preso pela Operação Anaconda, acusado de liderar a referida quadrilha.[73] Cumpriu sete anos e cinco meses de prisão, até março de 2011. Em 2015, foi condenado outra vez, mas responde em liberdade.

Ao sair da cadeia, afirmou[74] que a conduta da Polícia Federal mudara abruptamente com Lula no poder e que, durante o governo petista, o conteúdo das gravações havia sido manipulado. Nas palavras dele: o material fora filtrado e tivera trechos cortados.

De fato, o processo de edição nos áudios das 42 fitas é evidente — algumas passagens foram claramente apagadas e outras parecem encobertas por chiados bruscos, que tornam as falas inaudíveis. São inequivocamente distinguíveis, contudo, as vozes de figuras centrais da administração de Santo André, então em intensa mobilização para tentar blindar, naquele promissor ano de 2002, a candidatura de Lula à Presidência das investigações do crime de homicídio e do que mais pudesse ser achado ali.

---

[73] João Carlos da Rocha Mattos foi condenado pela Justiça Federal pelos crimes de lavagem de dinheiro e evasão de divisas. Segundo o Ministério Público, ele movimentou US$ 19,4 milhões, não declarados à Receita Federal e incompatíveis com sua renda familiar, numa conta no banco BNP Paribas da Suíça.

[74] TOGNOLLI, Claudio Julio. "Rocha Mattos reabre o caso Celso Daniel". Brasil 247, 13 abr. 2011. Disponível em: <http://brasil247.com/pt/poder/1216/Exclusivo-Rocha-Mattos-reabre- -caso-Celso-Daniel-Rocha-Mattos-Marcio-Thomaz-Bastos-Celso-Daniel.html>.

CONVERSAS PROIBIDAS

— Seria um desastre naquela época uma apuração na qual aparecesse corrupção. Respingaria o problema da corrupção, ou do caixa dois, as empresas de lixo e de ônibus — declarou o ex-juiz em depoimento à CPI dos Bingos. — O Greenhalgh tinha de... Não é bem abafar, mas de não deixar o negócio ir muito longe porque aquilo lá era um problema sério.[75]

Para além das conversas sobre crimes contra os cofres públicos, outro ponto chama bastante a atenção de quem ouviu as fitas: não há um único diálogo em que os interlocutores demonstrem sentimentos de pesar pelo prefeito executado ou seus familiares. A preocupação era com Lula e o PT.

— Era um morto pouco querido — resumiu Rocha Mattos.

No dia 7 de outubro de 2005, a delegada Elisabeth Sato, então chefe do 78º DP, tomou o depoimento de Rocha Mattos na sede do Batalhão da Cavalaria da Polícia Militar Nove de Julho. Queria saber mais sobre o conteúdo da entrevista que dera à Rede Record a respeito do que as fitas continham.

No dia 18 de setembro, ele havia conversado com o repórter Leandro Cipoloni, do programa *Domingo Espetacular*. Afirmara, referindo-se ao PT, que "pessoas no governo e no partido tinham as mãos sujas de sangue, até por omissão".

À delegada, Rocha Mattos passou os nomes de presos que conhecera no cárcere e que, segundo dizia, seriam capazes de detalhar as informações ocultadas das gravações.

Um deles era Derney Luiz Gasparino, com o qual a administração penitenciária do presídio de Tremembé, no interior paulista, teria apreendido um aparelho celular e uma agenda com os telefones de

---

[75] Depoimento à CPI dos Bingos, do Senado.

Klinger Oliveira Souza e, "salvo engano", nas palavras de Rocha Mattos, Ronan Maria Pinto.

Derney não era o único detento que sabia das fitas. O estelionatário Marcelo Tadeu Borrozine também tentou negociar com as autoridades uma vida melhor na cadeia em troca de informações sobre a morte de Celso Daniel. Cumpria pena em Itapetininga, no interior paulista, e disse ter participado de conversas na prisão com Rocha Mattos e Roberto Eleotério, apelidado de Lobão, um dos maiores contrabandistas do país.

Ouvido pela delegada Elisabeth Sato na 9º DP do Carandiru, em 1º de dezembro de 2005, Borrozine contou que, antes de editadas, as fitas continham diálogos ainda mais comprometedores, entre os quais um em que Ronan Maria Pinto teria dito a Sombra que, mesmo debaixo de tortura, Celso Daniel não entregara um "dossiê". Mais: haveria uma conversa entre Sombra e um homem chamado Ivan, na qual o amigo do prefeito teria falado para "os meninos não fazerem nada porque não se sabe onde está a papelada". Em outro telefonema, que jamais alguém provou existir, Sombra teria dito a Ronan que "fizeram merda e o negócio iria complicar". O empresário teria respondido: "Não dá para voltar atrás."

Borrozine admitiu que, em posse dessas gravações, tentara extorquir de Ronan, inicialmente, R$ 20 mil, a serem depositados em pequenas fatias em agências do Bradesco e da Caixa Econômica Federal, ambas no bairro da Vila Matilde, na Zona Leste. Oferecia-lhe uma cópia do material. De acordo com ele, quem intermediou o suposto pagamento foi a advogada Maura Marques, a mesma de Dionísio.

Borrozine disse que, em seguida, chegara a negociar com o empresário a destruição das demais cópias por R$ 1 milhão — a operação, contudo, não iria adiante. A delegada Elisabeth Sato então lhe perguntou sobre o paradeiro desse material e o detento respondeu que ainda o guardava, escondido dentro de uma Bíblia, em sua cela, no presídio de Franco da Rocha.

CONVERSAS PROIBIDAS

O depoimento de Borrozine seria descartado pela polícia, que o entendeu como fantasioso. Os trechos narrados pelo preso nunca foram encontrados nas cópias das gravações em posse do Ministério Público nem nas obtidas por jornalistas.

Como, porém, as fitas foram alteradas, é impossível saber se a versão dele é procedente ou se apenas mais uma mentira de estelionatário interessado em negociar alguma transferência ou regalia.

Eleito presidente, Lula nomeou o delegado Francisco Baltazar da Silva, que atuara como seu segurança em campanhas eleitorais, para chefiar a Superintendência da Polícia Federal em São Paulo.

Baltazar venceu uma disputa interna na corporação contra Marco Antonio Veronezi, apadrinhado pelo então senador Romeu Tuma, pai do delegado Romeu Tuma Junior, cuja investigação sobre a morte de Celso Daniel nunca deixou de preocupar a cúpula do Partido dos Trabalhadores.

Um dos principais personagens da articulação monitorada e gravada pela Polícia Federal é Gilberto Carvalho, então secretário municipal de Santo André.

Há pelo menos cinco menções explícitas ao então presidente do PT, José Dirceu, sempre retratado como o sujeito no comando da situação. Sua voz, porém, não aparece nos telefonemas.

Este livro registra as conversas proibidas e — oficialmente — destruídas em itálico. Como o material sofreu visíveis edições, muitos interlocutores permanecem desconhecidos, assim como as datas exatas de algumas falas.

*

— *Marcamos para as 18h na casa do Dirceu, teremos uma conversa sobre a nossa tática desta semana. Vamos ter de ir para a contraofensiva* — afirma Gilberto Carvalho, a um interlocutor não identificado, em 12 de fevereiro de 2002.

Em outro diálogo da mesma época, ele informa Klinger sobre sua última conversa com Dirceu:

— *Ontem tive uma conversa com o Zé Dirceu. O partido vai entrar meio pesado agora.*

Os áudios não deixam dúvida de que as rédeas da investigação eram muito mais importantes para o PT do que a perda de Celso Daniel.

Às vésperas do carnaval de 2002, falando com uma das advogadas que defendiam Sérgio Sombra, Carvalho, desanimado com o curso das investigações, mostra como o comando do partido ditava o caminho de seu rebanho:

— *Amanhã vou falar com o Lula e com o Zé Dirceu para ver como a gente reage a isso.*

Enquanto desabafava, talvez pelo efeito do conhaque que revela estar bebendo, reclama das polícias Federal e Civil, e conta que Luiz Eduardo Greenhalgh dissera que as autoridades estariam vazando os nomes da quadrilha da favela Pantanal para que os criminosos tivessem tempo de se esconder. Tudo para desgastar o PT. Conversam ainda sobre a desconfiança de grampos em seus respectivos telefones. Carvalho, inclusive, relata ter levado seu aparelho celular numa assistência técnica para verificar se havia indício de monitoramento. A interlocutora foi além e disse ter enviado um pedido de investigação sobre sua linha para a operadora de telefonia.

Pouco antes, Carvalho falara com o supersecretário Klinger sobre uma reunião com Greenhalgh a fim de "preparar os meninos para depor". Referia-se a auxiliares da prefeitura convocados pela polícia para prestar esclarecimentos. Diz também que havia conduzido o sucessor de Celso Daniel, João Avamileno, para um papo com José

Dirceu. Do encontro, ficou acertado que o vice e o deputado estadual Carlinhos Almeida, do PT, solicitariam o agendamento de uma audiência com o governador tucano Geraldo Alckmin para reclamar do comportamento da polícia paulista em investigar algo além de um assassinato comum.

— *O DEIC localiza os nomes e o DHPP solta para a imprensa para os caras sumirem. Ganham tempo e, enquanto isso, vão enchendo o saco. A briga entre o DEIC e o DHPP só está aumentando.*

Carvalho termina a conversa tranquilizando Klinger:

— *Vou falar com o Luiz Eduardo [Greenhalgh] depois dos depoimentos e te passo um relato no final da noite.*

Os diálogos revelam que a dupla José Dirceu e Gilberto Carvalho não só orientava a operação nos bastidores como avalizava o que poderia ser dito — ou não — em entrevistas pelos envolvidos no caso.

— *Estou aguardando a orientação do Zé Dirceu* — diz a namorada do prefeito, Ivone Santana, a um interlocutor, sobre a insistência dos produtores do programa de televisão da apresentadora Hebe Camargo em entrevistá-la.

Em outra fala, ela explica ao advogado como tem procedido diante dos interrogatórios na polícia. Gil é Gilberto Carvalho.

— *Eu falei com o Gil. Na verdade, sempre fico vendo o que o Gil me fala para fazer.*

O assédio da mídia também foi assunto de uma conversa de Ivone com Maurício Mindrisz, o Xangola, seu ex-cunhado. Ela carinhosamente abreviava o apelido para Xango, um dos petistas influentes na máquina de propina em Santo André.

— *Foi ótima sua entrevista. Essa linha está superlegal, é a linha da dor de uma viúva* — diz ele

Ivone havia concedido uma entrevista à *Folha de S.Paulo* em 27 de janeiro de 2002, publicada com destaque na edição do dia seguinte — a primeira vez em que falava longamente a um veículo de grande circulação nacional depois do crime.

Uma semana após o enterro do corpo de Celso Daniel, ela já tinha um veredicto: o namorado fora vítima de um crime urbano.

— Os caras foram atrás porque acharam que era um empresário com grana. Mas aí descobriram que pegaram o sujeito errado. Com todo aquele cerco, aquele barulho da imprensa, os caras devem ter se apavorado e achado que não podiam ficar com ele, que tinham de se livrar dele — disse ao jornal.

A tese que Ivone Santana foi orientada a sustentar na entrevista seria a mesma verbalizada, meses depois, pelos bandidos da favela Pantanal. O suposto empresário-alvo, no caso, seria o comerciante da Ceasa, dono do Dakota vermelho, aquele que nunca carregou dinheiro vivo nos bolsos nem foi perseguido pelos potenciais sequestradores.

Outra resposta de Ivone à *Folha* chamou bastante atenção na época. Logo na segunda pergunta, o repórter a questiona sobre por que Sérgio Gomes da Silva não fora levado junto com o prefeito. Ela diz:

— O Sérgio é moreno. Nosso racismo cordial deve ter falado mais alto e os caras acharam melhor pegar o Celso.

O jornalista também questionou sobre a pressão de empresários de Santo André ante as suspeitas de que os contratos públicos fossem alvo de um amplo esquema de desvio de recursos. A resposta é protocolar:

— O Celso trabalhava muito bem com os empresários daqui. O empresariado participava das discussões sobre a cidade.

Ivone só demonstra irritação numa das últimas perguntas, sobre especulações de que Sérgio Sombra e Celso Daniel tivessem um relacionamento homossexual pregresso, algo comentado nas esquinas da cidade, mas jamais admitido, e que costumava ser explorado por adversários políticos em períodos de disputa eleitoral.

— Tudo lixo. Não remexo em lixo. Não é minha prática.

O cálculo nos movimentos fica evidente numa das conversas destruídas a mando da Justiça. Klinger e Sérgio Sombra dizem mais do que um "alô":

Klinger: *Ô cara, tudo bom?*

Sombra: *Ô meu irmão, tudo bem?*

Klinger: *Está trabalhando?*

Sombra: *Estou na Sodiesel.*[76] *Como você está?*

Klinger: *Tudo bem Graças a Deus. Escuta, eu fiquei a manhã inteira em reuniões, porque todo dia é um fato novo, essa merda, mas estou indo com a Ivone agora... Você leu a entrevista da Ivone na* Folha?

Sombra: *Vi, foi excelente, né?*

Klinger: *Muito boa, né, cara?*

Sombra: *Muito boa, irmão.*

Klinger: *Ela está sendo convidada para ir hoje lá na Hebe... A Hebe vai fazer um programa com ela e...*

Sombra: *Ah, a Hebe vai fazer um programa com ela?*

Klinger: *Eu estou aconselhando ela a ir. Porque ela está numa postura legal, numa postura de viúva mesmo, então vai desmontando...*

Sombra: *Claro, claro.*

---

[76] Sodiesel Comercial Ltda. era uma das empresas de Sérgio Sombra, que já tivera Ronan Maria Pinto como sócio, revendedora de peças para ônibus.

202 CELSO DANIEL

Klinger: *Ela está disposta a ir, acho legal ir. Estou indo com ela ao DHPP, ela vai fazer o depoimento dela e o reconhecimento das roupas, então não vou ter condições de passar aí. Estou mandando pelo Fernando o documento que você tem que levar para a Adriana assinar.*[77]
Sombra: *Ótimo, ótimo.*

Eles continuam:

Klinger: *Outra coisa: o Xangola está chamando a gente para jantar.*
Sombra: *Eu acho ótimo. Pode marcar, quando quiser.*

Esse jantar seria tratado com tensão por Sérgio Sombra no dia seguinte, quando Klinger informa estar a caminho, com Xangola, para apanhá-lo no flat onde se hospedava. A intenção, conforme os diálogos, era de que fossem juntos, no mesmo carro, sem seguranças nem motorista, para que pudessem falar a sós. Mas Sombra parece desconfiado e quer saber, em tom imperativo, quem exatamente estava a bordo do Chevrolet Ômega.

Klinger brinca:

— *Pode ficar tranquilo que o Xangola fez comida para todo mundo.*

Além da operação dos líderes petistas nos bastidores, as interceptações da Polícia Federal mostram diálogos exasperados entre os mosqueteiros, sobretudo Sérgio Sombra, sempre ressabiado — flagrado numa crise de nervos contra Klinger.

Na conversa, atrapalhada por edições evidentes, ele grita com o supersecretário por causa de uma reportagem do telejornal da Rede

---

[77] No diálogo, Klinger refere-se a Fernando Donizete Ulbrich e Adriana Pugliese.

CONVERSAS PROIBIDAS

Bandeirantes, que questionava sua versão sobre a pane no câmbio, além do estranho destravamento das portas do Pajero no arrebatamento de Celso Daniel.

Sombra: *Ozias* [Vaz, já citado no livro], *onde é que você está, cara?*

Ozias: *Na reunião de "comissionato", estou indo para aí.*

Sombra: *Eu quero que o Klinger ligue agora para mim, neste instante. Fale para ele parar de fazer o que está fazendo e ligar para mim!*

Ozias: *Espera aí.*

[Breve pausa e corte na gravação.]

Ozias: *Klinger está voltando.*

Sombra: *Oh, meu irmão!*

Klinger: *Cara, você está no sétimo?*

Sombra: *Estou. O cara da Rede Bandeirantes está me escrachando, meu chapa!*

Klinger: *Está falando o quê?*

Sombra: *Dizendo que tudo o que eu falei é mentira, que o carro está pegando, que não destrava a porta, que eu sou o principal suspeito.*

[Barulho de edição.]

Klinger: *Cara, deixe eu te falar. Hoje o que está pegando contra você é o negócio do carro. Temos que armar um esquema aí* [barulho de edição] *Porque as empresas de blindagem, junto com a Mitsubishi, por razões óbvias de mercado, se juntaram para dizer que você está mentindo, porque o câmbio está funcionando, porque a perícia mostrou que o câmbio está funcionando, entendeu? Então é o seguinte...*

[Sombra o interrompe aos berros.]

Sombra: *Espera aí, espera um pouquinho...*

[Klinger conversa com Ozias sem desligar a chamada.]

Klinger: *Vamos indo para lá, vai? Não adianta eu ficar falando...*
Sombra: *Oi! Fala!*
Klinger: *Espera aí, só um segundo...*
Sombra: *Chama o Gilberto aí! Fala com o Gilberto aí, tem que armar alguma coisa, meu chapa!*
Klinger: *Então, calma, cara! Estou indo para aí para a gente conversar sobre isso.*
Sombra: *Eu estou calmo! Quero que as coisas sejam resolvidas! Estou calmo!*
Klinger: *Calma, estou indo para aí.*

Como as investigações do crime de homicídio corriam a todo vapor, as conversas sobre seus desdobramentos predominam nos grampos feitos pela polícia entre os últimos dias de janeiro e o final de março de 2002. Mas há menções a pacotes, documentos e envelopes, entregues inclusive dentro da sede da Prefeitura de Santo André.

Durante anos, um desses diálogos seria tratado pela imprensa como se entre dois interlocutores não identificados. São eles, no entanto, o supersecretário Klinger de Oliveira Souza e Michel Mindrisz, então secretário de Saúde da cidade.

Klinger queria saber onde o colega estava naquele momento.

— *Estou na administração agora. Por quê?*

— *Não, porque estou te mandando aquele negócio lá que a gente combinou. Está bom? A minha parte. O Fernando é que vai te levar, tá? Está num envelope* — diz Klinger.

CONVERSAS PROIBIDAS · 205

Refere-se a Fernando Ulbrich, que, aliás, apresentara-o a Sérgio Sombra.

Do outro lado da linha, Mindrisz pergunta:

— *É em numerário?*

Klinger responde positivamente e avisa que o emissário levaria a encomenda até a sede da prefeitura.

— *Ele vai te procurar e, de alguma forma, você encontra com ele aí no Paço, tá?*

O secretário concorda:

— *Pede para ele ir ao décimo andar, não tem problema, né?*

Na época, as autoridades avaliaram que o diálogo era uma das provas da movimentação de propina em Santo André e que o "numerário" citado no áudio seria dinheiro sujo.

Na única vez em que falou sobre esse diálogo, em 17 de novembro de 2005, interpelado pelo senador Álvaro Dias, Klinger respondeu assim:

— O Michel pediu para nós racharmos o pagamento de um advogado para fazer uma consulta. Eu ainda não tenho certeza... A minha memória não está funcionando.

Em janeiro de 2004, a *Folha de S.Paulo* publicou reportagem na qual afirmava que as gravações haviam sofrido edição da Polícia Federal antes de enviadas à Justiça. O jornal comparou 82 diálogos com as transcrições que chegaram às mãos do juiz-corregedor Maurício Lemos Porto Alves. "Faltam palavras e frases inteiras", dizia a reportagem.

De fato, além de a ordem judicial para destruir o material aparentemente jamais ter sido cumprida, algumas conversas interceptadas pela PF não foram transcritas.

Um dos diálogos omitidos envolve o empresário Ozias Vaz e um homem não identificado. Falam sobre Sérgio Sombra:

Interlocutor: *Você não é fraco, não. Não sai da Globo mais.*

[Risos.]

Ozias: *Esses meus amigos só me botam em fria.*

Interlocutor: *Mas esse cara está envolvido. [...] Uma hora eu te falo. Queria falar pessoalmente para te passar umas informações que a televisão não vai divulgar. Mas você deve saber, né?*

Ozias: *O cara é meu amigo. [...] Cara legal.*

Interlocutor: *Eu sei... Ali ele pisou na bola, viu?*

Ozias: *Sei lá, tem que esperar também.*

Interlocutor: *Ele foi muito burro pra caramba. Ele subestimou, viu?*

Ozias: [Inaudível] *gostar muito do Celso Daniel. Pois é. [...] Mas, no fundo, está todo mundo fodido.*

Estavam mesmo.

7. | O laboratório da corrupção

Em janeiro de 2002, a cidade de Santo André tinha 656.136 habitantes, 54 mil a menos do que a última estimativa feita pelo Instituto Brasileiro de Geografia e Estatística (IBGE), em 2015.

Após a morte de Celso Daniel, seu vice, João Avamileno, administrou a cidade até as eleições seguintes — e foi reeleito em 2004. O PT só perderia o comando da cidade em 2008, derrotado por Aidan Ravin, um médico que concorreu pelo eterno rival local, o PTB. Quatro anos depois, Carlos Alberto Grana retomou o Paço Municipal para o partido e governava até a data da publicação deste livro.

Paralelamente, se chegaria a perder as eleições municipais em um de seus berços políticos, a partir de 2002 o PT pavimentou a mais longeva permanência no comando da República da história democrática, resistindo incrivelmente — o quanto pôde — a denúncias de corrupção sem fim.

Em 2005, quando o deputado federal Roberto Jefferson (PTB-RJ), um ex-aliado do governo petista, ateou fogo a Brasília, delatando que o Palácio do Planalto comprava votos no Congresso Nacional, o país descobriu um dos personagens inesquecíveis do assalto aos cofres públicos, o operador disfarçado de publicitário Marcos Valério Fernandes de Souza — que seria condenado a quarenta anos de cadeia apenas pelos crimes cometidos no mensalão.

Foi ele o autor de uma declaração reveladora sobre o crime de Santo André, quase uma década depois, no dia 24 de setembro de 2012, em um termo assinado pela procuradora regional da República Raquel Branquinho. Marcos Valério, em busca de aliviar sua pena, então negociava uma delação premiada.

Segundo o operador, o ex-secretário-geral do PT Silvio Pereira o teria procurado, em 2004, em busca de socorro. Pereira estava aflito. O PT precisava de dinheiro, com urgência, porque o empresário Ronan Maria Pinto ameaçava contar o que sabia sobre os podres da gestão de Celso Daniel em Santo André. A chantagem causava arrepios porque envolvia o presidente Lula e os ministros José Dirceu e Gilberto Carvalho. O partido precisava silenciar Ronan. E o silêncio tinha um preço: R$ 6 milhões.

Valério disse que Silvio Pereira marcou um encontro na lanchonete do hotel Sofitel, na rua Sena Madureira, quase na beirada da Zona Sul de São Paulo. Apesar do frio daquela tarde paulistana, o petista pediu para que se sentassem na parte externa, mais reservada, onde fez um apelo para que o operador o ajudasse com mais um dos empréstimos simulados por suas empresas de propaganda.

Ele negou, mas aceitou acompanhar Pereira em outra conversa, no Hotel Mercure, na avenida Vinte e Três de Maio, da qual participaram Ronan e Breno Altman, emissário de José Dirceu e responsável pelo contato entre o empresário do ABC e a cúpula do partido, conforme o depoimento de Marcos Valério. Breno negou, em depoimento à Polícia Federal, no dia 1º de abril de 2016, ter participado da reunião no hotel e, apesar de conhecer Ronan e ser filiado ao PT desde 1986, disse que não atuou como contato entre o empresário do ABC e o partido.

O LABORATÓRIO DA CORRUPÇÃO

Ronan pretendia usar o dinheiro para comprar o *Diário do Grande ABC*, o que ocorreria naquele mesmo ano — e que seria notório marco da guinada editorial do jornal, na cobertura das investigações sobre o homicídio de Celso Daniel.

Nas palavras de Valério, a aquisição fora feita por meio de um empréstimo fraudulento arquitetado pelo pecuarista José Carlos Bumlai, um dos melhores amigos do então presidente Lula. Bumlai sacou R$ 12 milhões emprestados do banco da família Schahin. A recompensa prometida aos donos daquela instituição financeira seria consumada no segundo mandato de Lula: um contrato sem licitação, no valor de US$ 1,6 bilhão, para a Schahin Óleo e Gás operar o navio-sonda *Vitória 10.000* da Petrobras.

Oito dias depois do pedido de empréstimo de Bumlai, a 2S Participações Ltda., uma das empresas de Marcos Valério, transferiu R$ 6 milhões para a Remar Agenciamento e Assessoria, cujo destino final seria a Expresso Nova Santo André, de Ronan Maria Pinto. Uma série de transações, que incluiria também o Grupo Bertin, foi armada. O dinheiro repassado pelos Schahin percorreu contas de diversas empresas para tentar camuflar a identidade das duas pontas do negócio: quem pagava era o PT; quem recebia, Ronan.

O empréstimo fraudulento do Banco Schahin não era o único laço de Ronan Maria Pinto com agentes do mensalão e do propinoduto de Santo André. Em 2000, dois anos antes da vitoriosa campanha de Lula, ele registrou, no cartório de Itapecerica da Serra, um estranho negócio imobiliário, à época não levado ao noticiário.

O pródigo empresário de transportes e coleta de lixo havia hipotecado um terreno que formava parte da Fazenda Paiol Velho, no município de Embu-Guaçu, vizinho ao cativeiro onde Celso Daniel passara suas últimas horas. A propriedade, adquirida em 7 de dezembro de 1999, por R$ 80 mil, então era dada — a 29 de março de 2000 — como garantia pela empresa de ônibus Transvipa

(Transportes Vila Prudente). O valor, entretanto, subira bastante: R$ 1,8 milhão.

A instituição utilizada na operação é velha conhecida do PT: o Banco Rural.

José Carlos Bumlai foi preso no dia 24 de novembro de 2015 pela 21ª fase da Operação Lava-Jato, batizada de Passe Livre, numa referência ao acesso irrestrito que o pecuarista tinha ao Palácio do Planalto na gestão Lula. Com 71 anos e em tratamento de um câncer na bexiga, sua detenção seria convertida em domiciliar, com a instalação de tornozeleira eletrônica e a retenção do passaporte, em 18 de março de 2016.

Antes de ser preso, ele tentou disfarçar a operação alegando que detinha contratos para remeter 250 embriões de gado da raça Nelore, em dois pagamentos (nos valores de R$ 7,6 milhões e R$ 4,3 milhões), para as fazendas Agropecuária Maranhanse e Alto do Turiaçu, dos irmãos Salim e Milton Schahin.

A mentira não parou em pé porque os próprios Schahin, em acordo de delação premiada, e o gerente das fazendas, Valdemar Merlo, disseram, em novembro de 2015, que os embriões jamais haviam sido entregues. Mais: as propriedades tampouco tinham estrutura para o devido abrigo e cuidado daquele tipo de material.

Emparedado e temeroso de passar o fim da vida atrás das grades, Bumlai então admitiu, em 14 de dezembro de 2015, que nunca houvera negociação de embriões de gado e que o dinheiro tomado do Banco Schahin fora mesmo repassado por ele ao Grupo Bertin — até chegar às mãos do chantagista Ronan Maria Pinto. Disse ainda que a outra metade dos R$ 12 milhões sacados do Banco Schahin fora usada para pagar dívidas de campanha em Campinas.

Em 1º de abril de 2016, também ouvido pelas autoridades da Lava-Jato, o ex-tesoureiro petista Delúbio Soares, outro personagem

O LABORATÓRIO DA CORRUPÇÃO

do mensalão, contou que, em 2004, publicitários que tocavam a campanha de Doutor Hélio, do PDT, à Prefeitura de Campinas pediram seus préstimos para levantar R$ 5 milhões. Naquele ano, o PT ficara de fora do segundo turno e decidira apoiar o pedetista contra o tucano Carlos Sampaio. Doutor Hélio venceu.

Em sua delação, o empresário Salim Schahin declarou que, quando procurado por Bumlai para tratar do empréstimo, o motivo apresentado pelo pecuarista foi "uma necessidade do PT que precisava ser resolvida com urgência". O ciclo estava fechado.

A deputada federal Mara Gabrilli, do PSDB, há anos atribui a morte do seu pai, vítima de um aneurisma, ao estresse provocado pela quadrilha de Santo André — para usar o termo empregado pela Justiça ao se referir ao grupo de Sombra, Ronan e Klinger. Tetraplégica por causa de um acidente de carro, Mara silenciou comissões na Câmara Federal por três vezes sempre que teve a chance de interpelar Gilberto Carvalho e José Carlos Bumlai sobre o caso:

— O que aconteceu em Santo André foi um laboratório que culminou no mensalão e no petrolão.

Nem Carvalho, que se dizia amigo de Celso Daniel, nem Bumlai, amigo de Lula, quiseram revisitar o passado naquelas tardes, breves e lacônicos em suas falas.

Nem precisavam. Catorze anos depois do assassinato do prefeito petista, a Operação Lava-Jato ligaria o assalto a Santo André ao cometido contra a República. O ABC fora mesmo o laboratório — o projeto-piloto — da corrupção do PT.

8 | Carbono 14

Carbono 14 é um isótopo radioativo com meia-vida de 5.700 anos, usado para a datação de objetos antigos e fósseis

Durante quase duas décadas, Ronan Maria Pinto conseguira esquivar-se do cerco do Ministério Público. Apesar da condenação em primeira instância por corrupção, no final de 2015, respondia ao processo em liberdade. E nunca acreditou que pudesse acordar um dia com a Polícia Federal à sua porta.

Por volta das 7h de 1º de abril de 2016, porém, os agentes da PF encostaram as viaturas na rua Dona Carlota, no centro de Santo André, em frente ao prédio de alto padrão onde vive o empresário. Era uma sexta-feira ensolarada.

Ronan deixou o edifício cabisbaixo. Vestia uma camisa social branca e um paletó preto abotoado, que ficou ainda mais colado a seu corpo em decorrência das duas mãos atadas nas costas. Estava algemado.

Um dia antes, o juiz Sergio Fernando Moro, da 13ª Vara Federal de Curitiba, no Paraná, responsável pelas investigações da Operação Lava-Jato, chancelara seu pedido de prisão. Além disso, expedira ordens de busca e apreensão e algumas conduções coercitivas.

214   CELSO DANIEL

Outros endereços frequentados por Ronan deveriam ser varridos: a rua Catequese, sede do *Diário do Grande ABC*, e a travessa Otávio Marques, onde opera a Expresso Nova Santo André.

Começava ali a etapa de ação nas ruas da Operação Carbono 14, a 27ª da Lava-Jato, batizada em alusão ao método científico usado para determinar a idade de fósseis.

No documento que embasava a operação, Sergio Moro determinou a coleta de material que pudesse configurar provas "relativas à prática pelos investigados dos crimes de extorsão, corrupção, lavagem de dinheiro, além dos crimes antecedentes à lavagem de dinheiro".

O mandado judicial visava a alguns papéis específicos. Abaixo uma compilação da determinação:

→ registros e livros contábeis, formais ou informais, recibos, agendas, ordens de pagamento e documentos relacionados à manutenção e à movimentação de contas no Brasil e no exterior, em nome próprio ou de terceiros, bem como patrimônio em nome próprio ou de terceiros;

→ documentos e eventuais registros contábeis que elucidem a causa do repasse de R$ 6 milhões para Ronan Maria Pinto e suas empresas, como a Expresso Nova Santo André e a Interbus — Transporte Urbano e Interurbano, pela empresa Remar Agenciamento no segundo semestre de 2004;

→ documentos, como cartas, bilhetes, anotações que elucidem a causa da celebração do contrato de mútuo em 2004 entre a 2S Participações e a Remar Agenciamento e do contrato de mútuo em 2004 entre a Remar Agenciamento e a Expresso Nova Santo André;

→ documentos e eventuais registros contábeis que elucidem a causa dos pagamentos efetuados a Silvio José Pereira, DNP Eventos Ltda. — ME e Central de Eventos e Produções, bem como relatórios de serviços prestados a terceiros ou documentos que confirmem ou não a efetiva prestação de serviços por ele e pelas duas empresas;

CARBONO 14

→ documentos relativos à titularidade de propriedades ou à manutenção de propriedades em nome de terceiros;

→ documentos relativos à criação de empresas *offshore* em nome próprio ou de terceiros;

→ HDs, laptops, pen drives, smartphones, arquivos eletrônicos, de qualquer espécie, agendas manuscritas ou eletrônicas, dos investigados ou de suas empresas, quando houver suspeita de que contenham material probatório relevante, como o acima especificado;

→ valores em espécie em moeda estrangeira ou em reais de valor igual ou superior a 50 mil reais ou 50 mil dólares e desde que não seja apresentada prova documental cabal de sua origem lícita (nas residências dos investigados apenas e não nas empresas);

→ obras de arte de elevado valor ou objetos de luxo em comprovada aquisição com recursos lícitos.

Examinados os sigilos fiscais e bancários dos envolvidos na Carbono 14, um detalhe espantaria os investigadores: dono de um patrimônio declarado à Receita Federal de R$ 26,7 milhões e sócio de cinco empresas, Ronan Maria Pinto não possuía sequer uma conta bancária em seu nome no Brasil. Utilizava somente os cartões corporativos das companhias.

A varredura nos endereços citados levou a polícia a encontrar uma série de documentos de empresas no exterior. Se Ronan é um raro caso de cidadão brasileiro bem-sucedido sem conta pessoal em banco, por outro revelou-se sua predileção por *offshores* (empresas abertas com contabilidade em paraísos fiscais). Em sua casa, havia papéis da World Business Consultant Inc., com sede no Panamá, e o nome de um procurador, indicado para cuidar dos interesses dela, chamado Ricardo Ono Hayana.

Não era a única *offshore*. Na sala de Ronan no *Diário do Grande ABC*, os agentes acharam documentação de mais duas, a Topanga

216 CELSO DANIEL

Hills LDT e a Manper Corporation, ambas dirigidas por seu filho, Danilo Régis Fernando Pinto.

O que a força-tarefa da Operação Lava-Jato apurava era se, de fato, o empresário teria sido o destinatário final daqueles R$ 6 milhões tomados por José Carlos Bumlai ao Banco Schahin.

> As evidências colhidas até o presente momento comprovaram que RONAN MARIA PINTO recebeu recursos milionários provenientes de um empréstimo fraudulento concedido a JOSÉ CARLOS BUMLAI pelo Banco SCHAHIN com participação de JOSÉ DIRCEU, ao que tudo indica para não envolver pessoas relacionadas à cúpula do Partido dos Trabalhadores no esquema de corrupção da Prefeitura de Santo André.[78]

Silvio Pereira foi preso no mesmo dia que Ronan. Depois de escapar da cadeia por causa do mensalão — assumiu seus crimes e teve a pena convertida em serviços sociais —, o ex-secretário-geral do PT voltava à luz com tudo. A Lava-Jato descobrira que ele recebia dinheiro das empreiteiras enredadas no petrolão, a OAS e a UTC Engenharia. O montante total ultrapassava R$ 500 mil.

Há duas hipóteses para os repasses: ou se tratariam de uma espécie de "cala a boca", sobretudo a respeito do que vira e de quem participara nas negociatas espúrias do partido, ou de remuneração por ter seguido atuando, às escuras, como operador de esquemas de propina do PT.

Interrogado em 4 de abril de 2016, Pereira disse que trabalhava como "cozinheiro", relatou ser dono de uma empresa de eventos, a DNP, e do restaurante Tia Lela, em Osasco, na região metropolitana de São Paulo. Segundo ele, as transferências feitas pelas

---

[78] Relatório do Ministério Público Federal, com pedido de quebras de sigilo e conversão de prisão temporária em preventiva, em 5 de abril de 2016.

empreiteiras tinham a finalidade de pagar cestas de Natal que o estabelecimento produzira.

Em 17 de março de 2014, a Operação Lava-Jato prendeu — durante uma intrincada investigação, que quebraria parte significativa do esquema de lavagem de capitais no país — uma personagem que sabia muito sobre o que ocorrera em Santo André.

A doleira Nelma Mitsue Penasso Kodama, 47 anos então, conviveu, por duas décadas, com alguns dos maiores operadores de lavagem do Brasil, como Antônio Oliveira Claramunt, o Toninho Barcelona, e Alberto Youssef, com quem manteve um relacionamento amoroso de nove anos.

Nelma foi presa, no Aeroporto de Guarulhos, tentando embarcar para Milão, na Itália, com 200 mil euros escondidos no corpo. Os sites e os jornais noticiaram que havia cédulas até na calcinha, o que ela nega. Embora já estivesse com a prisão preventiva decretada pela Justiça de Curitiba, no âmbito da Lava-Jato, declarou que pretendia viajar apenas para comprar móveis na Europa, porque mudara de ramo e agora trabalhava com design de interiores.

Nelma era amiga e fazia negócios com Enivaldo Quadrado, operador da corretora Bônus-Banval, personagem do mensalão que ressurgia — com carga total — nas investigações da Lava-Jato. Quadrado foi o responsável por guardar, a sete chaves, os documentos do empréstimo fraudulento que enredou Bumlai, os Schahin e Ronan Maria Pinto. Os papéis estavam trancafiados no escritório de Meire Poza, a contadora de Alberto Youssef.

No dia 31 de março de 2016, depois de Meire ter revelado muitas informações à força-tarefa da Lava-Jato, seu escritório foi incendiado. Os documentos, porém, já estavam nas mãos da Justiça, e a Carbono 14, já deflagrada.

Durante anos, Nelma namorou o também doleiro Júlio César Emílio, cunhado de Norma Regina Emílio Cunha e do ex-juiz Rocha Mattos, aquele que ouvira e mandara destruir o conteúdo das escutas proibidas feitas pela Polícia Federal depois do assassinato do prefeito de Santo André.

O balcão da doleira, até 2007, chamava-se Havaí Câmbio e Turismo Ltda., constituído em 4 de janeiro de 1994, na avenida Dr. Rudge Ramos, na cidade de São Bernardo do Campo, no ABC paulista, conforme a Junta Comercial do Estado de São Paulo. Nelma, contudo, só passaria a integrar oficialmente o quadro societário da empresa, na condição de sócia-gerente, em 17 de janeiro de 2002 — véspera do sequestro de Celso Daniel.

A Lava-Jato descobriu que ela mantinha contato com o filho de Rocha Mattos, Célio da Rocha Mattos, que usava o codinome Fernando Souza e o e-mail inception.br@gmail.com. Expert em informática, era um dos responsáveis por operar a maquiagem em contas localizadas em Hong Kong por meio das tão citadas *offshores,* uma delas chamada Da Vinci.[79]

Em 6 de maio de 2016, a força-tarefa da Lava-Jato denunciou Ronan Maria Pinto e mais oito por lavagem de dinheiro no esquema de tomada de empréstimos bancários fictícios, em 2004, junto ao Banco Schahim.

O promotor Deltan Martinazzo Dallagnol, que lidera a força--tarefa do Ministério Público do Paraná, resumiu assim a atuação do empresário de Santo André:

> Entre 21 de outubro de 2004 e 10 de novembro de 2004, nos municípios de São Paulo, Rio de Janeiro e Santo André, os denunciados NATALINO BERTIN, SANDRO TORDIN, MARCOS VALÉRIO,

---

[79] BEIRANGÊ, Henrique. "Herdeiro de Rocha Mattos é investigado na Lava-Jato". *Carta Capital,* 17 set. 2015. Reportagem também publicada na edição nº 866 da revista, intitulada "Filho de peixe".

DELÚBIO SOARES, ENIVALDO QUADRADO, LUIZ CARLOS CASANTE, OSWALDO RODRIGUES VIEIRA FILHO, BRENO ALTMAN e RONAN MARIA PINTO, de modo consciente, voluntário, com comunhão de vontades e divisão de tarefas, por intermédio de uma série de operações financeiras sub-reptícias que tiveram origem em um empréstimo fraudulento proveniente do BANCO SCHAHIN, especialmente a simulação de contratos de mútuo entre empresas dos denunciados MARCOS VALÉRIO, OSWALDO RODRIGUES VIEIRA FILHO e RONAN MARIA PINTO, ocultaram e dissimularam a natureza, origem, localização, disposição, movimentação e propriedade ilícita de R$ 6.028.000,00 provenientes de crime de gestão fraudulenta do BANCO SCHAHIN, cuja denúncia foi apresentada nos autos nº 5061578-51.2015.4.04.7000. A operação tinha por objetivo ocultar e dissimular o pagamento da vantagem indevida em benefício de RONAN MARIA PINTO que, segundo MARCOS VALÉRIO, extorquia representantes do Partido dos Trabalhadores por razões não conhecidas.[80]

No detalhamento das imputações de cada um dos nove acusados, a força-tarefa da Lava-Jato ratifica o trabalho de quase duas décadas dos promotores de Santo André sobre o desvio e o rateio da propina tomada dos cofres da gestão de Celso Daniel:

Entre o final de 1997 e o começo de 2002 um grande esquema de corrupção se infiltrou na Prefeitura de Santo André/SP, na época comandada pelo então prefeito CELSO DANIEL, assassinado no dia 18 de janeiro de 2002, em circunstâncias ainda não totalmente elucidadas.

A peça acusatória também atesta toda a transação financeira, desde a saída do dinheiro do Banco Schahin, a pedido de José Carlos Bumlai, até as operações para disfarçar a trilha do dinheiro envolvendo o

---

[80] Denúncia do Ministério Público Federal na Operação Lava-Jato.

220   CELSO DANIEL

Grupo Bertin e empresas laranjas, como a Remar e a Via Investe, com seus respectivos operadores, especialmente os velhos conhecidos do mensalão, Marcos Valério e Enivaldo Quadrado.

O destinatário de metade do empréstimo de fachada fora Ronan e a intenção dele era mesmo usar parte dos recursos para comprar e silenciar o jornal mais importante do ABC paulista nas investigações da morte de Celso Daniel.

> Em conclusão, há provas materiais de que o valor de R$ 5.673.569,21 do total de R$ 12 milhões "emprestados" pelo BANCO SCHAHIN ao Partido dos Trabalhadores chegou até RONAN MARIA PINTO, sendo que, deste valor, ao menos R$ 1.470.000 foram utilizados diretamente para aquisição do Diário do Grande ABC. Do montante restante, uma parte ficou com a EXPRESSO NOVA SANTO ANDRÉ e outra parte foi usada para pagar dívidas com fornecedores do investigado RONAN MARIA PINTO.

O juiz Sergio Moro, que autorizara as diligências da Operação Carbono 14 que laçariam Ronan Maria Pinto, compreendeu que o esquema de corrupção e os desvios de capitais desvendados pela 27ª fase da Lava-Jato poderiam levar à tão aguardada resposta para um dos mais misteriosos assassinatos de político da história do Brasil.

— É possível que esse esquema criminoso tenha alguma relação com o homicídio, em janeiro de 2002, do então prefeito de Santo André, Celso Daniel — afirmou o juiz.

Foi tudo o que disse.

Epílogo

Luiz Inácio Lula da Silva assistiria à derrocada de sua imagem messiânica à medida que o futuro descortinava a corrupção instituída nas vísceras da República como nunca antes neste país.

A cada estação, generais e soldados de seu exército eram arrastados para o abismo. Os negócios de sua família, especialmente o enriquecimento extraordinário dos filhos e os seus próprios imóveis, em nome de ninguém, também haviam entrado na mira da Polícia Federal.

Lula parou numa dessas cancelas do destino. Não foi a política, mas a Lava-Jato quem o derrotou. Talvez a política nunca o derrotasse. Talvez.

No dia 17 de abril de 2016, um lindo domingo de sol em Brasília, a Câmara dos Deputados aprovou a abertura do processo de impeachment da presidente Dilma Vana Rousseff por crime de responsabilidade fiscal contra a nação.

Ao contrário do jargão adversário, ela não era um "poste" inofensivo do petismo no poder, mas, havia seis longos anos, a torre avançada que Lula instalara no comando do Brasil para que o PT continuasse chamando o Brasil de seu.

Na tarde de 21 janeiro de 2002, enquanto o caixão de Celso Augusto Daniel era içado até o carro do Corpo de Bombeiros para o cortejo, o então candidato à Presidência da República Luiz Inácio Lula da Silva pediu para que improvisassem um palanque, qualquer caixote serviria, no Paço Municipal de Santo André.

Lula queria quebrar o silêncio daquela multidão em luto nas esquinas do ABC paulista. Vestia uma camiseta branca que estampava "Basta, queremos paz!". Suado, esfregou a testa, a barba pingando, e disse algo que nunca mais teria coragem de repetir, e que o PT suplicaria para que fosse removido dos livros de História.

— Estou convencido de que você, Celso Daniel, não foi vítima do acaso e que não foi um incidente. Possivelmente, sua morte foi planejada, possivelmente tem gente graúda por trás disso.

Celso Daniel morreu no meio do caminho.

Nota do autor

A ideia de produzir este livro nasceu em janeiro de 2012, quando escrevi uma reportagem para o jornal *Folha de S.Paulo*, publicada num domingo, 15, que anunciava os dez anos da nunca explicada morte do prefeito de Santo André. No terceiro parágrafo, o texto diz: "No próximo dia 20, a morte de Celso Daniel completará dez anos à espera de desfecho na Justiça. Ao longo da década, o crime adquiriu contornos de novela policial."

Foram anos amealhando papéis, relendo milhares de páginas de processos, reportagens de colegas de profissão e as minhas próprias, visitando arquivos e delegacias, e procurando entender cada um dos personagens. Fiquei obcecado por esse caso. A intenção era juntar as peças até que se abraçassem num enorme quebra-cabeça. O que mais me intrigava era por que as frentes de investigações haviam chegado a conclusões tão distintas.

Uma reposta que me satisfaz é a de que a Polícia Civil do Estado de São Paulo, em todas as suas instâncias, a Polícia Federal, o Ministério Público e, de certa forma, a Comissão Parlamentar de Inquérito dos Bingos no Senado produziram, de fato, muitas provas. Mas cada um quis compor seu próprio mural. Jamais trabalharam em conjunto. O mosaico, por óbvio, nunca fechou.

*

224 CELSO DANIEL

Alguns aspectos devem ser pontuados: quando Celso Daniel foi encontrado estirado numa estrada de pedregulhos em Juquitiba, a polícia não apresentou qualquer pista do que ocorrera. Internamente, houve uma dura discussão sobre quem deveria conduzir o caso. Era uma tarefa ou para a Divisão Antissequestro ou para a Seccional de Taboão da Serra, que localizara o corpo, ou subiria ao Departamento de Homicídios e Proteção à Pessoa (DHPP)? Fato é que a polícia se fragmentou e que houve crise interna.

Importante frisar que quem efetuou a maior parte das prisões foi o Departamento de Investigações Criminais (DEIC).

Naquela época, encerrar o caso por conta das eleições de outubro interessava também ao governo paulista, do PSDB. Os tucanos temiam que a morte de Celso Daniel interferisse na campanha, mostrando a segurança pública como ponto frágil da administração estadual — Geraldo Alckmin disputaria a reeleição.

Cada um dos membros da quadrilha da favela Pantanal deu ao menos três ou quatro depoimentos diferentes sobre o caso. É certo que não foram seis, mas ao menos oito os criminosos presentes na noite do sequestro do prefeito, segundo testemunhas. Haveria um terceiro carro, cuja cor os policiais nunca descobriram, como tampouco a placa e quem o ocupava.

Estou seguro de que havia esse terceiro carro na cena do crime.

É impossível acreditar que o então menor L.S. tenha sido o assassino do prefeito. Se a narrativa do adolescente fosse verdadeira, o dedo preciso no gatilho faria dele ao menos um dos melhores dublês de Hollywood.

NOTA DO AUTOR

Há um dado científico: Celso Daniel morreu com um tiro na boca, que dilacerou sua arcada dentária inferior. Foi o primeiro disparo. Não foi morto pelas costas, caminhando a esmo, num matagal escuro.

Um personagem deste enredo causa faísca até hoje entre os investigadores. Dionísio de Aquino Severo é uma história por si só, um criminoso cuja personalidade emotiva, criativa e transgressora caberia em um livro.

Não se pode negar que ele tenha deixado pegadas sobre o assassinato de Celso Daniel. A competente delegada Elisabeth Sato, hoje chefe do DHPP, teve a chance de avançar quando da reabertura do caso, em 2005, mas isso implicaria desconstruir o trabalho de muita gente também competente. Pior: cutucaria uma ferida curada na polícia.

Tecnicamente, ela não cometeu erros em seu relatório, mas não teve o ímpeto de mergulhar a fundo no caso.

Dionísio nascera para o cinema — e para a bandidagem. Sempre sonhou em ser resgatado de um presídio pelos céus, como num filme, em assaltar bancos como se faz nas telas de TV.

Uma questão é bem real, entretanto: quem financiou a realização de seu sonho? Um mistério. Suas conexões com o narcotráfico da Bolívia? Pode ser. Mas, por que não o esquema corrupto do ABC paulista?

Ele foi assassinado de forma estranhíssima depois de ter sido jogado num presídio dominado por inimigos. Morreu antes de contar o que sabia, embora pudesse ter nada a contar.

*

As autoridades do estado de São Paulo nunca souberam explicar por que um dos integrantes, aliás, o artífice de um dos maiores sequestros do país, o delinquente José Edison, foi deixado no parlatório, sem advogado, por tantas horas, até assistir à morte de Dionísio.

Em 2002, a Polícia Federal armou escutas reveladoras e produziu relatórios de diligências, no que ficou conhecido como Operação Távola Redonda — provas que a Justiça Federal mandaria destruir.

Em 2003, com o PT no poder, nunca mais a apuração avançou.

O Ministério Público de Santo André foi quem mais chegou perto de sair do labirinto. Quando as circunstâncias do crime ganharam cor, os promotores tentaram o tempo todo associar o homicídio às dezenas de denúncias e linhas de apurações sobre os esquemas de desvios de dinheiro dos cofres da prefeitura da cidade.

Em pelo menos um ponto a ânsia em ligar os fios faz inequívoco sentido: os agentes da corrupção em Santo André gravitavam, direta ou indiretamente, ao redor de Celso Daniel quando de sua morte.

Celso Daniel foi conivente com o roubo "altruísta" para o caixa corrupto do Partido dos Trabalhadores. Disso não tenho dúvida.

Contudo, a prova cabal sobre quem ordenou o crime — e sobre se tal ordem partiu da cúpula do PT — nunca foi encontrada no aspecto técnico.

O papel da CPI dos Bingos foi secundário, mas as acareações e os depoimentos transmitidos para o Brasil inteiro, pela TV Senado, têm grande valor histórico. A comissão cumpriu o papel que a vergonhosa

NOTA DO AUTOR

CPI governista da Câmara Municipal de Santo André, formatada pelo PT para esconder em vez de investigar, não honrou.

O Senado ajudou a desfraldar o esquema de propina nos contratos das linhas de ônibus no ABC, que abasteciam um grupo corrupto e um partido que agia pela "causa".

A causa hoje tem outro nome: projeto de poder.

O que aconteceu em Santo André consistira mesmo numa cartilha de métodos e medidas a ser replicada em maior escala, quando o Palácio do Planalto se tornasse uma realidade, o que aconteceria naquele mesmo ano.

É difícil de entender, ainda que haja muito esforço e compaixão, como um jipe moderno pode ter sofrido seguidas panes de motor e câmbio, ou como o abrir e fechar de portas não tenha sido administrado por um especialista em segurança pessoal.

A ação natural das pessoas, ainda que ninguém saiba como reagirá num momento de pânico extremo, é defender um amigo, especialmente se você for treinado, estiver armado e com um celular à mão dentro de um carro blindado.

Foi tudo muito rápido, é verdade. Mas o fato é que Sérgio Gomes da Silva não defendeu Celso Daniel. Ele tampouco quis falar a este livro — como bem sabe seu advogado.

Fontes consultadas

Arquivos

Biblioteca Municipal de Santo André
Consórcio Intermunicipal do Grande ABC
Justiça Federal do Estado do Paraná
Ministério Público do Estado de São Paulo
Procuradoria-Geral da República
Superior Tribunal de Justiça
Supremo Tribunal Federal
Tribunal de Justiça do Estado de São Paulo
Tribunal Regional Eleitoral de São Paulo
Tribunal Superior Eleitoral
Vara de Itapecerica da Serra

Jornais

Correio Braziliense
Diário do Grande ABC
Folha de S.Paulo
O Estado de S. Paulo
O Globo
Valor Econômico

Revistas

Carta Capital
Época
IstoÉ
Veja

Sites

Agência Estado
Folha.com
G1
Globo.com
IG
Terra
UOL
Veja.com

Livros

Assassinato de reputações, um crime de estado
Tuma Junior, Romeu
Topbooks, 2013

Celso Daniel, muito mais que um rebelde
Laranjeiras, Carlos
Bartira, 2003

Do PT das Lutas Sociais ao PT do Poder
Martins, José de Souza
Contexto, 2016

Índice onomástico

Abraão Venâncio (Broa), 94
Adão Nery, 145-147
Adonízio Alves da Silva, 55
Adriana Pugliese, 124, 125, 202
Aidan Ravin, 207
Aílton Alves Feitosa, 112, 147
Alberto Youssef, 217
Alexandre de Almeida Moraes, 104
Alexandre José da Silva, 130
Alexandre Pascoal Constantinou, 36
Aloizio Mercadante, 40
Álvaro Dias, 205
Amaro José Tomé Filho, 87, 150
Ana Cristina Bandeira Lins, 192
Anderson Aparecido dos Santos, 130
André Bezerra Leite de Lima (Teco), 148, 149, 151
Andrelison dos Santos de Oliveira (André Cara Seca), 50, 51, 56, 71
Antônio da Costa Santos (Toninho do PT), 39
Antônio de Olim, 78
Antonio Dória Martins Carneiro, 162
Antônio Idelvan Xavier de Freitas, 130, 133

Antônio Oliveira Claramunt (Toninho Barcelona), 217
Antônio Palácio de Oliveira, 22, 101
Antonio Palocci Filho, 40, 166, 176
Antônio Vandécio da Costa Santos, 131, 133
Arli Reginaldo, 75
Armando de Oliveira Costa Filho, 43, 104
Augusto Marcos Marques Prata, 130, 131
Aurinete Félix da Silva (Netinha), 144

Bispo Rodrigues, 176
Breno Altman, 208, 219
Bruno José Daniel, 43, 156, 163
Bruno José Daniel Filho, 22, 156, 181
Bruno Pires Olio, 63

Camila Tavares Francisco, 96
Carlos Alberto Grana, 207
Carlos Alberto Torres, 156
Carlos Delmonte Printes, 42, 104-107
Carlos Eduardo Costa Marto, 62, 149
Carlos Sampaio, 211

Célio da Rocha Mattos (Fernando Souza), 218

Celso Augusto Daniel (Celso Daniel), 14, 17, 19, 21-26, 28-33, 36-40, 42, 43, 47, 49, 51, 52, 54, 55, 58-65, 67, 70, 74-76, 78-81, 83, 85, 88, 90-99, 101-105, 108, 111, 113, 118, 119, 123, 124, 139, 143, 145-150, 152, 155, 156, 159, 161-164, 166, 167, 169, 170, 172-176, 178-182, 185, 186, 188, 191, 192, 194, 196, 197, 198, 200, 203, 206-209, 211, 218-220, 222-227

César Augusto Roriz Silva (Cesinha), 129, 143, 144

Cíntia de Oliveira, 185, 186

Clayton Alfredo Nunes, 132, 134

Cleber Juliano Ferrette, 96

Cleilson Gomes de Souza (Bola), 62, 114-116, 123, 148-151

Cleiton Calil Menezes, 88, 89

Cristiano da Silva Viana, 137

Danilo Régis Fernando Pinto, 216

Deivid dos Santos Barbosa (Sapeco), 57, 69, 70, 83

Deltan Martinazzo Dallagnol, 218

Delúbio Soares, 210, 219

Derney Luiz Gasparino, 195, 196

Dias Toffoli, 183

Didi (ex-policial), 71

Diego Posadas Monteiro, 177

Dilma Vana Rousseff, 221

Dionísio de Aquino Severo, 62, 91, 92, 108, 112-125, 127-135, 137-143, 145-151, 193, 225, 226

dom Décio Pereira, 42

Donisete Pereira Braga, 185, 186, 188

Doutor Hélio, 211

Edison Remigio de Santi, 73-75, 77, 79, 82

Edmundo Massaferro Neto (Véio), 122

Edson de Souza Raphael (Nêgo Edson), 137, 138

Edson Tadeu Marin, 130

Eduardo Suplicy, 42, 140, 173

Edvan José dos Santos, 102

Elaine Batista de Oliveira Santos, 50, 51

Elaine de Paz, 48

Elaine Moreira dos Santos Toledo, 64, 65

Elcyd Oliveira Brito (John), 54, 57-59, 68-70, 75, 76, 81, 82, 87, 98, 99, 147

Elias Manoel da Silva, 77

Elisabeth Regina Toledo Ferreira Duarte, 128, 134

Elisabeth Sato, 195, 196, 225

Enivaldo Quadrado, 217, 219, 220

Erasmo Pedroso Filho, 93

Evandra Rodrigues da Silva, 47

Fábio Hervelha Schunck, 104

Fernandinho Beira-Mar, 41, 176

Fernando Dutra Pinto, 142

Fernando Magalhães Milman, 177, 178

Fernando Shimidt de Paula, 96

Fernando Stockler de Lima, 37

Fernando Donizete Ulbrich (Fernandinho), 92, 202

Francisco Baltazar da Silva, 197

Francisco Cembranelli, 87

Francisco Plumari Júnior (Chico Ronda), 107

ÍNDICE ONOMÁSTICO

Garibaldi Alves, 175

Genilson Rodrigues Carreiro, 180

Genival Ferreira Júnior, 132

Geraldo Alckmin, 41, 166, 187, 199, 224

Geraldo Cruz (Geraldinho), 37

Geraldo Jesus Gamba, 27

Gerardo Pugliese, 178

Gilberto Carvalho, 24, 170, 171, 180, 181, 182, 197, 198, 199, 208, 211

Gildete Souza de Aquino (Tia Dete), 117, 120, 148

Gilmar dos Santos Neves (Mancha), 76-79

Gisele de Lena, 114, 115, 120, 121, 124

Guilherme Capelozzi Delmonte, 106, 107

Hélio Toledo, 64

Heloísa Helena Alves da Silva, 68

Hermes Rubens Siviero Junior, 68, 192

Humberto Tarcísio de Castro, 172, 178

Iberê Guimarães, 31

Idair Alves de Souza, 134

Idelbrando Costa Bibanco, 128, 141

Iran Moraes Rédua, 36, 103, 104

Irineu Nicolino Martin Bianco, 172

Itamar Messias Silva dos Santos 51-53, 55-61, 68, 71, 74, 80, 81, 85, 87, 88, 90, 91, 98, 150

Ivam Ferreira Lima, 101, 102

Ivan Rodrigues da Silva (Monstro) (Tiozinho), 46-49, 51, 53, 56, 58-61, 68-71, 74-80, 83, 85, 86, 88, 90, 91, 98, 151, 193

Ivan Soares da Silva, 22

Ivaney Cayres de Souza, 108

Ivanildo Pereira Andrade (Pancho), 28-30

Ivone Santana, 29, 96, 97, 157, 161, 199, 200

Jefferson Bandeira da Costa (Dentinho), 112, 114

Joacir das Neves, 176

João Antônio Setti Braga, 170

João Arcanjo Ribeiro, 175-177

João Avamileno, 155, 198, 207

João Carlos da Rocha Mattos, 193-196, 218

João Francisco Daniel, 158, 170, 171, 180-182

João Masson Neto (Masson), 28, 29

João Paulo Cunha, 37

Jorge Macarone, 78

José Alves dos Santos, 128, 140

José Antônio Nascimento, 106

José Antônio Pereira de Oliveira, 143

José Antonio Rapina, 131, 142

José Benedito de Souza (Zezé), 173

José Carlos Barros (Carlão), 122, 123

José Carlos Bumlai, 209-211, 216, 217, 219

José Carlos de Sousa, 35, 37

José Carlos Dias, 193

José Carlos dos Reis Encina (Escadinha), 114

José Carlos Pacífico (Filó), 139

José Carneiro de Campos Rolim Neto, 128

José Cicote, 146, 147, 164

José Dirceu, 39, 40, 171, 174, 176, 182, 197, 198, 199, 208, 216

José Edison da Silva (Zé Edison), 48, 49, 54, 56, 58, 60, 61, 63-65, 68, 81, 82, 85-94, 98, 139-141, 151, 226

José Erivan Aleixo da Silva (Van), 58, 63, 64, 82, 87

José Genoino, 40, 191
José Guimarães, 191
José Luís Costa da Silva, 25
José Masi, 69, 89
José Pinto de Luna, 191
José Reinaldo Guimarães Carneiro, 87
José Renato Bandeira de Araújo Leal, 178
José Serra, 166
Josiane Graziela da Silva, 91, 92
Josimar Ferreira de Oliveira, 37
Judite Santos da Silva, 124
Júlio César Emílio, 218
Júlio da Costa Liebort, 130, 132, 142
Juscelino da Costa Barros (Cara de Gato), 83

Karina Araújo de Oliveira, 149, 150
Klinger Luiz de Oliveira Souza, 25, 29, 33, 91, 92, 97, 103, 146, 167-171, 173-176, 179-181, 193, 196, 198, 199, 201-205, 211

Lafaiete Ramos Pires, 87
Laís Elena Aranha, 158
Luciana Plumari, 106, 107
Lúcio Mauro Alves Bernardes, 82
Luis Nin Estévez, 177
Luís Roberto Barroso, 183
Luiz Alberto Ângelo Gabrilli, 169-171
Luiz Carlos Casante, 219
Luiz Eduardo Greenhalgh, 62, 182, 192, 195, 198, 199
Luiz Fernando Corrêa, 192
Luiz Fernando Migliori Prestes, 95, 173
Luiz Inácio Lula da Silva, 13, 14, 23, 24, 40, 105, 120, 161, 165, 166, 170, 174-176, 192, 194, 195, 197, 198, 208-211, 221, 222
Luiz Marcondes de Freitas Júnior, 172
Luzia Alves de Souza, 120

Manoel Dantas de Santana Filho (Cabeção), 56, 67, 83
Manoel Sérgio Estevam (Sérgio Orelha), 120
Mara Gabrilli, 169, 211
Marcelo Sabadin Baltazar, 191
Marcelo Tadeu Borrozine, 196, 197
Marcelo Vieira Godoy, 193
Márcio Augusto Friggi de Carvalho, 87
Márcio Chaves Pires, 188
Márcio Thomaz Bastos, 194
Marco Antonio Veronezi, 197
Marco Aurélio Mello, 183
Marcos Cristiane da Silva, 76
Marcos Roberto Bispo dos Santos (Marquinhos), 53, 54, 55, 58, 60, 68, 69, 79, 98
Marcos Valério Fernandes de Souza, 208, 209, 218-220
Marcos Vinício Petrelluzzi, 41
Marcos Willians Herbas Camacho (Marcola), 144
Maria Amaro Leite, 67
Maria Carlos Silva, 102
Maria Clélia Belletato Daniel (dona Lurdes), 155
Maria Elena Villar, 185
Maria Lucinda da Costa, 179
Marilena Nakano, 22
Marlon Feliciano da Silva, 78
Maura Marques, 124, 128, 138, 140-143, 196

ÍNDICE ONOMÁSTICO

Maurício Mindrisz (Xangola), 161, 199, 202
Maurício Correali, 123, 124
Maurício D'Olivo, 31
Maurício Ferrareto (Alemão), 28, 71
Maurício Lemos Porto Alves, 193, 205
Mauro Sérgio Santos de Souza (Serginho), 61, 67, 71, 82, 83
Meire Poza, 217
Milton Schahin, 210
Miriam Belchior, 161, 162, 166, 171, 180, 181

Nagashi Furukawa, 134, 142
Natalino Bertin, 218
Nelma Mitsue Penasso Kodama, 217, 218
Nelson Jobim, 182
Nelson Olio Junior, 63
Newton da Costa Brandão, 164
Norma Regina Emílio Cunha, 194, 218

Odailton de Oliveira Silva, 114, 117
Oswaldo Cruz Júnior (Oswaldão), 172, 173
Oswaldo Rodrigues Vieira Filho, 219
Otávio Mercier, 107, 108
Ozias Vaz 33, 47, 48, 92, 203-206

Paulo Henrique Bispo da Silva, 144
Paulo Henrique da Rocha Brito, 101, 103
Paulo Okamotto, 176
Petrúcia Pereira da Silva, 102
Professor Luizinho, 174

Raquel Branquinho, 208
Raul Enrique Vairo Erramouspe, 178
Raulino Lima, 174

Regina Célia Anhelli (Gigi Anhelli), 156
Reginaldo Oliveira Gonçalves, 137
Renata Godoi Barbosa Brito, 103
Renato Alves Rocha, 128, 130, 131
René Michel Mindrisz, 161, 162, 204, 205
Ricardo Ferreira dos Santos, 131
Ricardo Kirche Cristofi, 106
Ricardo Ono Hayana, 215
Rita Lima dos Santos Starcharvski, 97
Rita Pires da Silva Rodrigues, 47
Roberto Claudio Bernardo (Dida), 137, 138
Roberto Eleotério (Lobão), 196
Roberto Jefferson, 207
Roberto Podval, 98, 182, 183
Roberto Wider Filho 87
Rocque Geraldo Antonio Leite (Urso), 28, 29, 30,
Rodolfo Rodrigues Santos de Oliveira (Bozinho), 49-52, 54-61, 68, 71, 74, 80, 81, 85, 90, 98, 151
Rodrigo César Rebello Pinho, 134, 188
Romeu Tuma, 120, 197
Romeu Tuma Junior, 37, 38, 62, 119, 123, 124, 129, 145
Ronan Maria Pinto, 47, 92, 167, 169, 171, 172, 174, 176-178, 180, 181, 196, 201, 208-211, 213-220
Rosa Weber, 183
Rosângela Gabrilli, 168-170, 172
Rui Baracat Guimarães Pereira, 134, 135, 140-142

Salim Schahin, 210, 211
Sandra dos Anjos, 118, 120-124, 138
Sandro Tordin, 218

CELSO DANIEL

Sebastião Passareli, 170
Sebastião Ramos Pereira (Tião), 33, 91, 92
Sergio Fernando Moro, 213, 214, 220
Sérgio Gomes da Silva (Sombra) (Chefe), 21-25, 27, 28, 30, 32, 33, 47, 58, 68, 86, 91, 92, 94-99, 102, 103, 124, 125, 146-148, 162, 167-169, 171-178, 180, 182, 183, 185, 186, 188, 196, 198, 200-205, 211, 227
Sérgio Ricardo de Oliveira, 27, 30, 31
Sheila da Silva Oliveira, 68-70
Silvio Cristiano Bernardo da Silva, 27
Silvio José Pereira (Silvinho Pereira), 208, 214, 216
Silvio Santos, 142
Simone Nascimento Nunes, 52, 81

Terezinha Fernandes Soares Pinto, 177
Terezinha (secretária), 29
Tibagi (soldado), 36
Toledo (soldado), 36

Valdemar Merlo, 210
Vera Luiza Capelozzi, 106

Wanderson Nilton de Paula Lima (Andinho), 40
Wellington Capelozzi, 173
Wlamir Marques, 158

Zildete Leite dos Reis, 176

Este livro foi composto na tipologia Minion Pro
Regular, em corpo 11,5/16, e impresso em
papel off-white no Sistema Cameron da
Divisão Gráfica da Distribuidora Record.